JN204170

グローバリズムの終焉と日本の成長戦略

金子晋右
Kaneko Shinsuke

論創社

序にかえて

世界は混迷を深めている。中東諸国では内戦が続き、今年（二〇一七年）に入ってからは、フィリピン南部にまで飛び火した。欧米諸国では、凄惨なテロ事件が相次いでいる。日本でも、昨年（二〇一六年）七月、神奈川県相模原市で、障害者大量殺傷事件が発生した。この事件は、我々の社会に対する凶悪なテロ行為である。

いったいなぜ、内戦やテロなどの深刻な人道危機が発生するのか。こうした問題を解決するには、どうすればよいのか。

そうした問題意識に基づいて執筆した論文をまとめたのが、本書第一部「グローバリズムの終焉と日本の世界戦略」である。

欧米のイスラム過激派テロや、日本の無差別殺傷事件の背景には、貧困・低所得の問題がある。解決策は、所得再分配と格差是正である（本書第一章参照）。中東の内戦の背景には、食料問題がある。解決策は、農業保護政策による穀物自給率の向上と、穀物備蓄政策である（本書第二章参照）。

だが、解決を阻んでいるのが、市場原理を過度に重視するグローバリズムないしはネオリベラリズムといった市場原理主義思想である。一九八〇年代頃から、米国が、こうした思想を世界に広め、さらに、市場原理重視の改革を、日本を含めた世界中に強要してきた。その結果が、現在の内戦とテロの時代である。既に、米国の労働者達も、市場原理主義社会に疲れ果てている。昨年の大統領選挙で、反グローバリズムを掲げるドナルド・トランプが当選したのは、そうした理由による。

では、米国が、世界への影響力の行使を控えれば、世界は平和になるのか。否である。世界は、現状よりも、さらに悪化するだろう。なぜなら、第二次世界大戦後から冷戦終了（一九四五年から一九九一年）まで、米国は自由主義陣営のリーダー国として、自由主義陣営の国々（実際には自由主義ではない独裁国家も含む）を、軍事と経済の両面で支えてきた。世界中のシーレーン（海上輸送路）を、世界最強の米国海軍が守ることにより、世界の自由貿易体制を守ってきた。一九五〇年代から八〇年代までの日本は、その恩恵を背景に、高率の経済成長を続けた。冷戦時代の米国は、市場原理に一定の規制をかけ、政府の役割を重視した修正資本主義であった。修正資本主義の下で、日本も、他の自由主義陣営の国々も、繁栄してきた。だが、八〇年代頃から、米国は、修正資本主義から、市場原理主義へと転換し始めた。

今、米国は国力が低下し、世界中のシーレーンを防衛することが、困難になり始めている。その結果、米国では、内向き志向が強まっている。今後の米国は、グローバリズムの押しつけどころか、基本的な自由貿易体制の維持さえ困難となる。それにより、中長期的には、日本は、必要な資源を、今までのようには、自由に輸入できなくなる。では、そうした状況下で、我々はどうしたらよいのか。好むと好まざるとに関わらず、鎖国、ないしは準鎖国的な経済体制しかない

（本書第三章参照）。

疲弊しているのは、米国の労働者だけではない。多くの日本人もまた、疲弊している。一九九〇年代から続く「失われた二十年」と呼ばれる長期経済停滞が、原因である。現在の日本は、市場原理を重視した経済体制である。ゆえに、生きるために必要な全てのものを、貨幣を払って購入しなければならない。衣食住はもちろん、医療・介護や大学教育にも、資金が必要である。だが、「失われた二十年」によって、多くの日本人は、充分な資金形成が困難なまま年を重ねてしまった。それにより多くの日本人が、老親の医療・介護費用や子供の教育費用の支払いに苦しみ、将来不安にさいなまれている。では、こうした問題を解決するには、どうすればよいのか。そうした問題意識に基づいて執筆した論文をまとめたのが、本書第二部「二十一世紀日本の成長戦略」である。

筆者は以前から、長期デフレ不況への対策として、低インフレ政策と、財政支出の拡大を主張してきた。当初は、インフレ目標三％と、一五兆円の財政支出増額を主張した（拙著『文明の衝突と地球環境問題――グローバル時代と日本文明』論創社、二〇〇八年、第一章）。その後、リーマン・ショックによる世界大不況と東日本大震災を受けて、財政支出を年間五〇兆円増額せよ、と主張した（拙著『世界大不況と環境危機――日本再生と百億人の未来』論創社、二〇一一年、第七章）。

その後、二〇一二年十二月に第二次安倍晋三政権が誕生し、アベノミクスと名付けられた経済政策を開始した。アベノミクスの第一の矢は、インフレ目標率を二％とする金融緩和で、第二の矢が、年間一〇兆円程度の財政支出の増額である（『アベノミクス「3本の矢」』首相官邸ホームページ）。

アベノミクスの第一の矢と第二の矢は、筆者のリーマン・ショック前の主張の三分の二しかなく、数字的にだいぶ足りない。だが、方向性は間違っていない。金融緩和により、中央銀行は、貨幣発行量を増加させる。貨幣発行量増加と財政支出拡大の組み合わせ政策は、かつて昭和恐慌の時に、高橋是清蔵相が実施し、恐慌を克服した（浜野潔他『日本経済史一六〇〇－二〇〇〇――歴史に読む現代』慶應義塾大学出版会、二〇〇九年、一九一～一九四頁）。加えて、江戸時代後期の大御所時代にも実施され、経済成長を実現した。それが、明治の工業化につながった。だが、大御所時代の経済成長には、寛政改革で実施された少子化対策、貧困対策、格差是正策も、大きな貢献を果たしている。ゆえに、現在のアベノミクスに加えて、少子化対策、貧困対策、格差是正策の実施が必要不可欠である（本書第四章参照）。

アベノミクスは今年で、開始から五年目に突入した。経済統計上は、様々な点で改善している。まずは、名目GDP（国内総生産）を見てみよう。アベノミクス開始前の二〇一二年（一月から十二月の名目暦年。以下同様）が四九五兆円（千億円以下は四捨五入）だったのに対し、二〇一三年は五〇三兆円、二〇一四年は五一四兆円、二〇一五年は五三〇兆円、二〇一六年は五三七兆円である（「I．国内総生産（支出側）及び各需要項目」『統計表一覧』内閣府ホームページ）。緩やかだが、着実に経済成長している。それに伴い、平均給与（一年間を通じて勤務した給与所得者の年収。男女平均）も、上記期間に、四〇八・〇万円、四一三・六万円、四一五・〇万円、四二〇・四万円、四二一・六万円と、わずかずつだが上昇している。給与所得者数は二〇一二年の五四二二万人から二〇一六年には五七四四万人へと増加し、三二二万人もの雇用が生まれた（国税庁長官官房企画課『平成二八年分　民間給与実態統計調査――調査結果報告』二〇一七年九月、六、一二頁）。

だが、国民の現状への不満は大きい。今年の前半は、森友・加計学園問題で、リベラル派マスコミと野党が、狂ったように安倍政権を叩き続けた。それにより、安倍政権の支持率が、大幅に低下した。例えば、ＮＨＫの世論調査によると、内閣支持率は、二〇一七年六月は、支持するが四八％で、支持しないが三六％であった。だが七月になると、支持するが三五％に急落し、支持しないが四八％に急上昇した（ＮＨＫ選挙ＷＥＢホームページ）。

だが両問題において、安倍首相には、当初から現在に至るまで、違法行為は確認されていない。つまり、無実である。無実の人間に、リベラル派マスコミが石を投げたところ、国民の半数が、一緒になって石を投げ始めた。まさに魔女狩りである。こうした現状を見るにつけ、生活苦に苦しむ国民の多くは、緩やかな経済成長では、とうてい満足できないことが明白である。歴史を振り返れば、昭和恐慌を克服した高橋是清蔵相は、一九三六年の二・二六事件で、青年将校達に暗殺されてしまった。政財界の腐敗に憤り、農村の貧困を憂えた青年将校達が求めたのは、緩やかな景気回復ではなく、早急な問題解決だったのである。

今の日本に必要なものも、緩やかな経済成長ではなく、高度成長である。一九五五年より開始した戦後日本の高度成長は、自然現象でも、歴史的な一回限りの現象でもない。一九五五年に誕生した自民党政権の諸政策によって、実現したものである。そして高度成長とは、必要な諸政策さえ実施すれば、何度でも実現可能なものである（本書第五章参照）。

もちろん、二十一世紀の日本においても、再び、高度成長を実現することができる。では、高度成長は、何によって発生するのか。大衆需要である。大衆需要が急増すると、大衆家電製品や大衆車などの大衆商品の販売が急増する。それに伴い、多くの産業で、生産力強化のための投資が拡大する。それらにより、高度成長が発生する。現在は、金本位制ではない。必要な資金は、政府・中央銀行が、いくらでも紙幣を増刷して、つくることができる。その資金を、政府が、貧困解消や、医療・介護、教育、子育て支援などに使えば、多くの日本人は生活苦が改善され、家計にゆとりが生じる。それにより、日本国内の大衆需要が増加する。その結果、高率の経済成長が実現する（本書第六章参照）。

今、世界も日本も、混迷を深めている。閉塞感も、強まっている。だが、絶望する必要はない。正しい戦略に基づき、適切な政策を実施すれば、日本の未来は明るい。魔女狩りにかまけていてはならないのである。

二〇一七年九月

金子　晋右

グローバリズムの終焉と日本の成長戦略■目次

グローバリズムの終焉と日本の成長戦略

第1部　グローバリズムの終焉と日本の世界戦略

第一章　葉隠武士道は世界平和を築けるか

1　問題の所在　グローバリズムがトランプ大統領を誕生させた

後世、二〇一六年は、反グローバリズム時代の幕開けとなった年だと認識されるのではないか。グローバリズムにより、生活を、人生を、破壊された多くの労働者が、反乱の烽火をあげた。それが、英国のEU離脱（六月二三日）であり、米国大統領選挙におけるドナルド・トランプの勝利（十一月九日）である。一方、同年の日本では、グローバリズムが背景となって生じた痛ましい事件が注目を集めた。一九人が殺害された相模原障害者大量殺人事件（七月二六日）や、電通女性新人社員過労自殺事件（二〇一五年十二月二五日発生。二〇一六年十二月二五日に労働基準法違反で法人としての電通と幹部社員が書類送検）である（以下、両事件に関し、特に表記のない記述は、各種マスコミ報道による）。

既に筆者は、金子［2008］（第一章）や、「グローバリズムとテロリズム―六・八秋葉原通り魔テロと九・一一米中枢テロの経済的背景―」及び「ネオリベラリズムとアウシュヴィッツ化する日本」（『横浜市立大学論叢人文科学系列』第六〇巻第一号及び第二号、二〇〇九年。のちに金子［2011］に第三章及び第四章として所収。以下、金子［2009a］及び金子［2009b］と表記）において、グローバリズムないしはネオリベラリズム（新自由主義。以下略してネオリベ）は、社会をアウシュヴィッツ化し、多くの労働者の命を奪う、と指摘してきた。電通女性新人社員の高橋まつりさん（享年二四歳）が亡くなったのは、まさに、電通がアウシュヴィッツ型経営を推進していたからに他ならない。そして、六・八秋葉原通り魔事件も七・二六相模原障害者大量殺人事件も、アウシュヴィッツ化しつつある日本社会に対する筋違いの無差別テロである。

筆者に、もっと強い発信力があれば、もっと早く日本のアウシュヴィッツ化を阻止し、こうした痛ましい事件を防げたのではないかと思うと、忸怩たるものがある。

本章の目的は、多くの人々の命を奪うグローバリズムないしはネオリベというイデオロギーと決別し、全ての人々の命を守るイデオロギーを提示することにある。そのイデオロギーこそが、活人剣思想を中核とした江戸武士道である。江戸武士道が新たなグローバル・スタンダードの倫理となった時、かつての江戸社会が長期持続的平和社会を構築したように、世界に恒久平和が実現する。

だがまずは、第二節で、グローバリズムないしはネオリベが、社会をアウシュヴィッツ化するメカニズムを再説した上で、世界中でテロを生み出していることを明らかにする。第三節では、江戸武士道を、活人剣思想に加え、それをさらに深化させた葉隠思想を中心に、検討する。最後に第四節において、世界平和への道を示す。

2　グローバリズムによりアウシュヴィッツ化する世界

まず最初に、本章におけるグローバリズムなどの用語の定義を確認しておこう。グローバリゼーションは、市場が、全世界へ拡大する現象である。一方、グローバリズムは、市場原理を、全世界に貫徹させることを目的にする思想や運動である。グローバリゼーションは、覇権国家米国が、グローバリズムというイデオロギーに基づき、世界規模で推進した結果、発生した現象である。一九八〇年代以降、米国は、世界銀行やＩＭＦ（国際通貨基金）などの国際機関を通じて途上国等に、日本などの先進国には二国間協議を通じて、圧力を加え、ワシントン・コンセンサスと呼ばれる政策群を押しつけてきた。そのワシントン・コンセンサスの三本柱が、緊縮財政、民営化、市場自由化（規制緩和）である（金子［2008］二三〜二四頁）。ワシントン・コンセンサスは、「小さな政府」路線である。なぜなら、政府の規模を縮小することにより、公的部門を民営化して市場原理の適用対象を拡大し、政府の権限を縮小して規制を緩和することにより、市場原理を貫徹しやすくするからである。

グローバリゼーションは、一部の日本人が誤解しているような自然現象ではない。「時代の流れ」なる不可逆的なものでもない。米国政府によって三十年余りに渡って推進されてきた、人為的な現象である。

ネオリベラリズムも、「小さな政府」路線である。そのため、筆者はこれまで、グローバリズムとほぼ同義の用語として用いてきた。グローバリズムが、最初から全世界での市場原理の貫徹を目指すのに対し、ネオリベは、自国内での市場原理の貫徹を優先する点が、両者の相違点である。だが、ネオリベ主義者が、全ての国家は市場原理の貫徹を目指すべきだと主張した場合、もはや、グローバリズムとの差はなくなる。

とは言え、二〇一六年の米国大統領選挙及び共和・民主両党の指名候補者選挙では、反グローバリズムのトランプと、反ネオリベのバーニー・サンダースの主要な主張との間には、大きな差があるようにも見える。トランプが「メキシコ国境に壁を造る」（トランプの壁）と主張したのに対し、サンダースは公立大学の学費無償化を主張した。しかし両者の主張は、市場原理主義批判という点では、同じである。

トランプの壁は、市場原理に基づいた労働力や資本などの移動を拒絶する政策である。近年、多くのメキシコ人労働者が、メキシコより高い賃金を得られる米国に不法入国し、米国で働いている。これは、市場原理に基づいた労働力の移動である。また、米国の製造業の一部は、一九九五年のNAFTA（北米自由貿易協定）成立以降、製造コストを削減するため、低賃金労働を求めて、米国からメキシコへ工場を移転させた。これは、市場原理に基づいた資本の移動である。トランプの壁は、こうした市場原理に基づいた労働力の移動を、物理的に拒絶するものである。そして同時に、資本や商品の市場原理に基づいた移動の拒絶の象徴でもある。

サンダースの公立大学学費無償化は、高等教育の一部（公立大学）を、市場原理適用の対象外とする政策である。

よって、トランプもサンダースも、市場原理の適用対象を制限する政策を主張している。両者の相違は、市場原理適用の拒否対象を、トランプは国境の外側に求めたのに対し、サンダースは国内の教育サービス産業に、すなわち内側に求めた点にある。国外に求めるのか、国内に求めるのかにより、両者の間には大きな差があるように見えてしまうが、実際には、両者の主張は、市場原理の適用対象を縮小するという点で、本質的には同じである。それは、両者ともに、資本・労働・商品の自由な域内移動を推進するNAFTAやTPP（環太平洋経済連携協定）に反対している点でも、明らかである（横江［2016］四五〜六一頁。サンダース［2015］）。

では次に、市場原理の制限を訴えたトランプやサンダースが、なぜ、全米で熱狂的な支持を受けたのか。そして、現状維持、すなわちグローバリズム支持派のヒラリー・クリントン候補が、なぜトランプに敗れたのか。

米国でも日本でも、多くのマスコミや知識人は、トランプ大統領の誕生に衝撃を受け、思考停止状態となって、誕生の原因を充分に理解できないでいる。だが、グローバリズムの本質を知れば、反グローバリズムのトランプが、グローバリズム支持派のヒラリーに勝利するのは自明である。

ここで、グローバリズムによる社会のアウシュヴィッツ化について、簡単に説明しよう（詳しくは、金子［2011］第四章）。

アウシュヴィッツとは、第二次世界大戦中に、ナチス・ドイツが建設した絶滅収容所の一つである。絶滅収容所とは、皆殺しを前提としたガス室設置の強制労働収容所のことである。アウシュヴィッツだけで、ユダヤ人やロマ族（ジプシー）など百万人以上が虐殺された。アウシュヴィッツには、大企業系列の軍需工場が設置されており、ナチス・ドイツの戦時生産体制の一部に、完全に組み込まれていた。アウシュヴィッツは、ヨーロッパ中から強制連行されてくるユダヤ人らを、過酷な労働で次々に使い潰し、労働不能となり次第、ガス室に送り、殺害した。

経営学的視点では、アウシュヴィッツは、究極の経営モデルである。なぜなら、短期間、低コストで、大量の軍需品を生産したからである。厳しい戦況に直面していたナチス・ドイツは、戦線を維持するために、大量の軍需物資を前線に送り続けなければならなかった。そこで生み出されたのが、究極の高生産性を実現するアウシュヴィッツ型経営である。

アウシュヴィッツ型経営の特徴は、下記の三点である。

①「労働不能」な者（老人、子供、病人、けが人等）は、すみやかにガス室送りにされ、殺害さ

れた（＝「家族の再生産」の否定）。

②労働可能な者（老人を除く健康な成人男女）は、

（a）わずかな食事で（＝「肉体の再生産」が不可能なほどの低賃金）、

（b）長時間の重労働を強いられた（＝「肉体の再生産」が不可能なほどの長時間労働）。

ゆえに、②は「肉体の再生産」の否定である。

③全欧州から、続々とユダヤ人等が送り込まれた（＝使い捨て労働力の無限補充）。

アウシュヴィッツ型経営は、①により、家族を扶養する費用の支払いを拒否し、②（a）により、労働者に支給する食事を、限界を超えて削減した。これは、究極の低賃金が実現したことを意味する。そして②（b）により、限界を超えた労働量を引き出した。

アウシュヴィッツで強制労働を強いられたユダヤ人らの多くは、三ヶ月程度で、貧弱な食事と長時間労働によって健康を害した。すると、「労働不能」と判断され、ガス室で殺害された。だが、ナチス支配下の全欧州から、続々とユダヤ人らが送り込まれたため、アウシュヴィッツは、労働者を次々に使い潰して使い捨てにすることができた。つまり、③の使い捨て労働力の無限補充により、①と②が可能となっていた。よって、アウシュヴィッツ型経営モデルを成立させる前提条件が、使い捨て労働力の無限補充である。

なお、『アンネの日記』で有名なアンネ・フランクの一家は、アムステルダムの片隅の屋根裏部屋で、息を潜めて隠れていたが、周知の通り、大戦末期にナチスに摘発され、アウシュヴィッツに送られた。使い捨て労働力として利用するためである。アンネの父オットーは、強健な肉体であったため、アウシュヴィッツに強制収容されてから四ヶ月半も生き延び、ソ連軍に解放されて生還した。だが、オットーの家族は全員、連合軍による解放前に死亡した。

アウシュヴィッツ型経営は、究極の高生産性経営モデルであるため、市場原理の徹底した貫徹を目指すグローバリズムを推進すれば、広汎に出現する。なぜなら多くの企業が、利潤の最大化を目指して採用するからである。近年の日本も、その例外でないことは、既に金子［2009b］（金子［2011］第四章）で指摘した。中でも、過労死や過労自殺をした労働者達が、アウシュヴィッツ以上の長時間労働を強いられていたことを、いくつかのケースを挙げて、厳しく批判した。異常な長時間勤務を強いて、過労死や過労自殺を発生させた経営者は、業務上過失致死罪、いや、殺人罪で刑務所に入れるべきだ、と弾劾した（金子［2011］九八〜九九頁）。

だが、筆者の発信力が充分ではなかったため、その後もアウシュヴィッツ型経営による過労死・過労自殺や、過労による健康障害事件が発生し続けた。その中の一つが、本章の第一節で取り上げた電通女性新人社員過労自殺事件である。四月に入社したばかりの高橋まつりさんは、試用期間が終わり本採用となった十月以降、際限のない残業を強いられるようになった。ほとんど睡眠時間をとれない日もあり、まるでナチスの寝させない拷問のようだと、自分の母親に訴えたこともあった（今西［2017］三〇頁）。

厚生労働省によると、月間時間外労働時間が八〇時間を超える月が二ヶ月以上続くか、単月で一〇〇時間に達すると、健康障害リスクが高まる（金子［2011］九三頁、厚労省労基署［2015］六頁）。そのため、この基準を超える労働を強いられた労働者が死亡したり自殺すると、過労死や過労自殺と認定される。これが、いわゆる過労死水準である。高橋まつりさんの月間時間外労働時間は、一〇〇時間を超えていた。つまり、過労死水準を超えていた。

電通は、アウシュヴィッツ型経営モデルの三大特徴のうち、②（b）の「肉体の再生産」が不可能なほどの長時間労働を、新人社員の高橋まつりさんに強いた。その結果、過労による肉体的精神的苦痛により、通常の判断力を失った彼女は、自殺に追い込まれた。

ではなぜ電通は、異常な長時間労働を新人社員に強いたのか。それは、③の労働力の無限補充が可能だからである。電通は、日本でも指折りの人気企業である。楽天株式会社の「みんなの就職活動日記」によると、「二〇一七年卒　新卒就職人気企業ランキング」（調査期間二〇一五年一〇月二二日～二〇一六年三月二一日）で、電通は前年度に続いて、総合ランキングで第一位である（楽天［2016］）。ゆえに、新人社員が次々に使い潰されて退職する事態となっても、翌年になれば、電通には、多くの優秀で健康な若者が入社する。電通は人気企業であるがゆえに、労働力の無限補充が可能な状態だったのである。

だがもし、労働力の無限補充が不可能になれば、経営者は、労働環境の改善に取り組み、労働者の健康や生活に配慮するようになる。なぜなら、新たな労働力を調達できない時に、労働者を次々に使い潰してしまうと、商品生産に投入する労働者数が減少してしまう。そうなれば、商品生産量も減少し、企業の利潤も減少してしまうからである。

企業は、利潤の最大化を目指す組織である。ゆえに企業が、労働者の健康や命に配慮するか否かは、労働力の供給状況によって、一八〇度変化する。

上記の説明を踏まえれば、英国の労働者達が、移民の大量流入を嫌ってEUからの離脱を支持したのも、米国の労働者達が、メキシコからの大量の不法入国者に反発し、トランプに投票したのも、自明であろう。

移民の際限のない流入とは、労働力の無限補充を意味する。もちろん、最初に使い捨てにされるのが、肉体的に衰え始めた中高年労働者である。経営者にとって、くたびれた中高年の自国民よりも、移民の若者の方が、労働者として魅力的なのは、当然である。英国や米国の労働者達、とりわけ中高年のブルーカラー労働者達は、移民の無限流入が、自分達にとって死活問題、それも、命にかかわる重大な懸案だと認識したため、EU離脱やトランプを支持したのである。

実際、米国では、白人中高年層の自殺率が急増している。具体的な数字を挙げよう。米国疾病管理予防センター（CDC）が昨年（二〇一六年）四月に公表した調査結果によると、一〇万人当たりの自殺率は、一九九九年と二〇一四年を比較すると、下記の通りである（CDC 2016:6-7）。

全米の自殺率は、男性（全年齢層・全人種）が一六％増加し（一〇万人当たり一七・八人から二〇・七人へ）、女性（同上）が四五％増加した（四・〇人から五・八人へ）。

年齢層別及び人種別では、中高年（四五歳以上六四歳以下）の白人層の自殺率が、異常なほど急増した。中高年の白人男性は五九％増加し（二三・四人から三七・一人へ）、中高年の白人女性は、なんと八〇％も増加した（七・〇人から一二・六人へ）。

全年齢層で見ると、白人男性は二八％増加（二〇・二人から二五・八人へ）、白人女性は六〇％増加（四・七人から七・五人へ）である。

一方、黒人男性は八％減少（一〇・五人から九・七人へ）、黒人女性は二四％増加（一・七人から二・一人へ）、ヒスパニック男性は増加率ゼロ（一〇・三人から一〇・三人へ）、ヒスパニック女性は三二％増加（一・九人から二・五人へ）となっている。

二〇一四年の米国人男性（全年齢層）の一〇万人当たり人種別自殺率を、高い方から並べると、以下の通りである。米国先住民及びアラスカ先住民二七・四人、白人二五・八人、ヒスパニック一〇・三人、黒人九・七人、アジア及び太平洋の島々出身者八・九人である。

つまり、白人男性は、ヒスパニック、黒人、アジア系の二倍半もの高率の自殺率である。そして、先住民、いわゆるインディアンやエスキモーの人々とほぼ同じ高さの自殺率である。まさに、白人男性の先住民化である。米国の先住民は、長年に渡って迫害され続けてきた。自殺率だけで判断するわけにはいかないが、現在、白人男性は、先住民並みの窮地に陥っていると、言えるのかもしれない。

米国疾病管理予防センターが今年（二〇一七年）一月に公表した報告書には、二〇一四年の一〇万人当たりの州別自殺率が記されている（CDC 2017:8-11）。二〇一六年の大統領選挙で、ヒラリー・クリントンが勝利した州のうち、選挙人の数の多い州の男性（全年齢層）の自殺率を見てみよう。カリフォルニア州（選挙人数五五人）は一六・七人、ニューヨーク州（選挙人数二九人）は一二・五人、イリノイ州（選挙人数二〇人）は一七・一人である。つまり、上記の全米男性自殺率（一〇万人当たり二〇・七人）よりも低い。自殺率という視点では、ヒラリーは、自殺率の低い州で、つまり、窮地に追い込まれている人々の少ない州で、選挙に勝利している。

一方、トランプが勝利した州のうち、いわゆるラストベルト（衰退した工業地帯）に属する州で、選挙人数の多い州の男性自殺率は、ペンシルベニア州（選挙人数二〇人）は二一・六人、オハイオ州（選挙人数一八人）は二〇・一人、ミシガン州（選挙人数一六人）は二一・三人である。トランプが勝利した州で、選挙人の多い州上位三州は、テキサス州（選挙人数三八人）、フロリダ州（選挙人数二九人）、そして上記のペンシルベニア州であるが、一〇万人当たりの自殺率は、テキサス州一九・五人、フロリダ州二一・九人である。

同報告書によると、全米で、一〇万人当たりの男性自殺率の高い上位三州は、モンタナ州三六・八人、アラスカ州三四・八人、ニューメキシコ州三三・四人である。この三州のうち、ニューメキシコ州を除いて、トランプが勝利している。よって、苦しんでいる人々の多い州で、トランプが票を得たと言える。なお、ニューメキシコ州は、人口のおよそ半分がヒスパニックである（二宮［2016］四〇四頁）。前述のように、白人男性の自殺率は、ヒスパニック男性の二倍半である。ニューメキシコ州の白人男性の自殺率の統計は、管見の限りでは見当たらないが、恐ろしい高さになるのではないか。

また、同報告書では、全ての故意による重大な傷害に対して発生した医療費及び労働損失について、各州の一人当たり損失額が公表されている（CDC 2017:3,5-7）。その額を四段階に区分した場合、最も損失額が少ないカテゴリーの四九一〜六四九ドルの州は、カリフォルニア州、ニューヨーク州、イリノイ州などで、ほとんどが、ヒラリーが勝利した州である。例外は、アイオワ州とネブラスカ州である。一方、最も損失額が多いカテゴリーの八八六〜一二三三ドルの州は、ニューメキシコ州を除いて、全てトランプが勝利している。よって、治安の良い州の多くはヒラリーを支持し、治安の悪い州の大部分はトランプを支持したのである。

欧米でも日本でも、トランプ支持者達のことを、レイシスト（人種差別主義者）とレッテルを貼り、非難する識者が多い。確かに、トランプ支持者の中には、悪質な人種差別主義団体のメンバーもいる。だが、六〇〇〇万人を超えるトランプへの投票者に、レイシストのレッテルを貼った瞬間に、現実の世界が見えなくなってしまう。自分で自分の目をふさぐのは、愚かな行為である。グローバリズムは、世界をアウシュヴィッツに変え、多くの労働者の命を奪う。これが、現実である。

しかし一部の若者は、自分達の苦境の原因にグローバリズムがあることに気づかず、敵を誤認し、凄惨なテロを実行してしまう。フランスなどの欧米諸国で、イスラム教徒の若者達が、経済苦でもがき苦しみ、将来への展望を開けないのは、キリスト教徒やユダヤ人が原因ではない。グローバリズムが、失業をもたらし、労働者の賃金を引き下げ、最底辺の生活を強要している。だが、一部のイスラム教徒の若者は、イスラム過激思想に感化され、敵だと誤認した一般市民に対し、経済苦の怒りをぶつけ、凄惨なテロを実行している。

たとえば、二〇一五年一月七日から九日にかけてフランスで発生した、風刺新聞社シャルリー・エブド襲撃テロと、ユダヤ人向けスーパー立てこもり事件の犯人達を、一例として取り上げよう。前者の事件の犯人は、アルジェリア系のサイド・クアシ（三四歳）とシェリフ・クアシ（三二歳）の兄弟で、後者の犯人は、アフリカ・マリ系のイスラム教徒アメディ・クリバリ（三二歳）である。彼ら三人はフランスで生まれたが、貧困の中で育った。クアシ兄弟は、父は幼少期に死亡し、母は無職だったため、児童施設で育った。クリバリは一〇人兄弟の七番目で、高校時代から車上荒らしや盗みに手を染めた。成人してからは、シェリフはピザ店の配達員として働き、クリバリはコカ・コーラの工場に勤務していた。とは言え、シェリフとクリバリは、窃盗や麻薬取引などの街頭犯罪に手を染める典型的な「街のワル」だった。二人は刑務所で知り合い、共に、刑務所内でイスラム過激思想の影響を受けた。クアシ兄弟は「アラビア半島のアル・カーイダ（ＡＱＡＰ）」から資金援助を受け、クリバリは過激派組織ＩＳ（イスラミック・ステート。自称「イスラム国」）と関係し、彼らは連携してテロ事件を起こした（三井［2015］一二九～一四〇頁）。

犯人の三人は、貧困のため、幼い時からフランス社会の底辺にいた。成人してからは、低学歴のため、低賃金労働者として、フランス社会の底辺で生きるしかなかった。

移民一世は、欧米社会の底辺で、低賃金労働を強いられても、我慢することができる。なぜなら、低賃金でも、自分の出身国よりは、遥かに高い賃金水準だからである。その上、先進国は、社会保障が充実している。欧米社会で、白人キリスト教徒達から、見下され、差別を受けることがあっても、我慢することができる。それらの差別の存在は、移民する際に、織り込み済みだからである。加えて、どこの国にも、各種の差別が存在する。自分の出身国でも、出身地域や出身部族、それに家柄などによる様々な差別があることを、母国で体験して知っている。

だが、移民二世は違う。自分達がなぜ差別されるのか、なぜ社会の底辺で貧困に苦しまなければならないのか、理解もできないし、納得も我慢もできない。それゆえに、移民二世のシェリフやクリバリは、グレて街頭犯罪に手を染めるようになった。だが、犯罪に手を染めても、自分の置かれた状況は、何も改善しない。むしろ、犯罪に手を染めれば染めるほど、状況は悪化する。社会の最底辺でもがき苦しむ彼らにとって、希望の光に見えたのが、イスラム過激思想であった。なぜなら、ジハード（聖戦）の名の下に、「敵」であるキリスト教徒やユダヤ人に対しテロを決行し、死亡すれば、殉教者となるからである。イスラム過激派の世界観では、テロ実行犯の殉教者は、英雄として讃えられる。フランス社会の底辺から脱し、イスラム過激派の世界では、社会の上層に移動できる。欧米諸国で、移民二世の若者らが、次々にホームグロウン・テロリストになるのは、社会の底辺から脱出する方法が、それ以外に見出せないからである。

日本人の多くはイスラム教徒ではないため、日本国内では、イスラム過激思想は広まっていない。だが敵を誤認し、凄惨なテロを実行する若者は生み出されている。二〇〇八年六月八日の秋葉原通り魔事件や、昨年（二〇一六年）の相模原障害者大量殺人事件の犯人らである。これらの事件は、無差別テロである。前者は、繁華街にいた市民が、「勝ち組」の敵だと犯人に誤認され、無差別に殺傷された。後者は、重度障害者が、世界経済の重荷、すなわち世界の敵だと誤認され、無差別に殺傷された。

相模原障害者大量殺人事件は、グローバリズムないしはネオリベ社会が背景となって発生した。この事件については、既に、東京大学の福島智教授が、今の日本を覆う新自由主義的な人間観が背景にあることを指摘している（毎日新聞［2016］）。

犯人の植松聖（うえまつさとし）容疑者（事件当時二六歳）は、事件前に書いた衆議院議長に宛てた手紙（二月一五日に議長公邸前で警備の警察官に渡した）の中で、重度障害者を抹殺する理由として、世界経済の活性化を挙げていた。つまり、犯行理由は、経済的な視点に基づく。福島教授によれば、近年の日本では、労働能力の高低で人間を序列化する風潮がある。労働能力が低いと評価された瞬間、仕事を失い、社会から切り捨てられてしまう。しかも、そうした社会の風潮が学校に流入し、生徒を偏差値によって序列化し、低偏差値の生徒は価値がない存在、とする風潮があるのではないか。そうした社会や学校の風潮が、容疑者の人間観に影響を与えたのではないかと、福島教授は、ジャーナリストによるインタビューに、答えている（溝呂木［2016］）。

筆者も、福島教授とほぼ同じ見解である。植松容疑者は、低偏差値大学を卒業し、民間企業に就職したものの、会社に強い不満を抱き、すぐに退職した。その後、仕事を転々とした後、事件の舞台となった福祉施設に就職した。最初に就職した企業で、容疑者は、無能扱いされ、自尊心を大いに傷つけられたことは、想像に難くない。そこで容疑者は、傷ついた自尊心を回復するために、自分よりもはるかに「無能」に見える重度障害者のための福祉施設に再就職したのである。

植松容疑者が大麻などの麻薬を使用するようになったのは、厳しい現実から、逃避するためである。全身に入れ墨を入れたのも、格闘技のジムに通ったのも、他人から見下されたくなかったからである。そして、勤務先の福祉施設で、障害者に対する差別的発言を繰り返したのも、障害者を見下すことで、社会における自分の位置付けを、自分自身の頭の中で、引き上げるためである。つまり、現実の世界では社会の底辺に位置する自分を、自分の頭の中の空想の世界では、上層に位置付けたい。そのために障害者を差別し、見下し続けたのである。

植松容疑者は、二〇一六年二月一八日に、福祉施設内で、重度障害者を殺害するとの発言をしたため、施設は翌日、容疑者を解雇すると共に、警察に通報した。精神保健福祉法に基づき緊急措置入院した後、三月二日に退院、それからは無職であった。

無職となってからは、三月二四日に相模原市に生活保護を申請し、同日から三一日までの八日分を受給した。生活保護の支給に当たって、市が収入状況を調べたが、預貯金はほとんどなかった。四月に失業保険を受給するようになったため、生活保護は、打ち切られた（時事［2016］）。

植松容疑者の在職期間では、失業保険の受給期間は三ヶ月である。よって七月以降、収入を失い、生活に行き詰まった。そうした中で、容疑者にとって、精神的にも、経済的にも、起死回生の一手が、重度障害者の大量殺害であった。なぜなら、衆議院議長に宛てた手紙の中で、重度障害者の大量殺害を決行後、心神喪失による無罪と、五億円の経済的支援などを、衆議院議長と首相に、要求しているからである。常軌を逸した要求だが、本人の頭の中では、日本経済に負担をかけている重度障害者を大量殺害すれば、その分、日本経済は発展するため、その利益の一部を、実行犯の自分に支払え、ということである。

あまりにも異常な考えだが、そもそも、経済的に追い詰められると、普通の人間は、精神的にも追い詰められ、自殺や他殺という選択をしてしまう。既に金子［2009a］（金子［2011］第三章）で指摘したように、秋葉原通り魔事件の犯人加藤智大（ともひろ）（事件当時二五歳）は、もし事件を起こさなければ、その年の冬も越せずに、路上で野垂れ死にするか、自殺を余儀なくされていた。植松容疑者の場合は、大麻などの違法薬物による影響で、さらに異常な精神状態になっていたが、経済苦も、事件の一因である。

このように、市場原理の貫徹を目指すグローバリズムは、世界中で多くの労働者の命を奪うのと同時に、世界各地で、社会の底辺でもがく若者達を、テロリストへと転化させる。ゆえに我々は、グローバリズムというイデオロギーと決別しなければならないのである。

3　人を活かす江戸武士道と魂の自由・葉隠武士道

グローバリズムやネオリベは、人命よりも人々の生活よりも、市場原理の貫徹を重視している。市場原理の貫徹が実現した場合、労働市場で、生きるために必要な額の賃金を得られない人間は、死ぬしかない（十九世紀前半、市場原理主義者の元祖トマス・ロバート・マルサスは、失業者やその子供達は餓死するべきだと主張した。彼の主張は当時の英国で賛否両論を巻き起こしたが、最終的にはマルサスの主張が通って改正救貧法が改悪され、多くの労働者が生存の危機に直面した。詳しくは金子［2008］第一章）。

こうした人命軽視のイデオロギーが、日本でも世界でも広まったため、日本国内でも世界各地でも、前節で取り上げたように、凄惨なテロが発生している。よって、グローバリズムに代わる新たなイデオロギーにおいて中核となる価値観は、人命尊重である。人の命を守ることを最も重視したイデオロギーこそ、活人剣思想を中核とした江戸武士道である。

活人剣思想は、柳生宗矩（むねのり）が第三代将軍徳川家光を啓発するために著した『兵法家伝書（へいほうかでんしょ）』の中心思想である。その思想は以下のようなものである。刀は、人を殺すための武器である。だが、万民を苦しめる極悪非道の悪人を斬れば、万民を救える。つまり刀は、人を生かす（活かす）利器になる。武士が持つべき刀は、この活人剣（かつにんけん）である。ゆえに、将軍も含めた武士の使命は、万民を生かす（活かす）ことである。万民を生かす（活かす）政治こそが、武士が目指すべき仁政である（金子［2008］一九二～一九九頁）。つまり、全ての人々の命を守り（＝生かす）、加えて、全ての人々が能力を開花させ、生き生きと活躍できる（＝活かす）社会を建設する。それが万民を生かし、活かす政治である。

　こうした活人剣思想は、将軍家の剣術となった柳生新陰流と共に、各藩に普及した。江戸中期になると、山本常朝の『葉隠』に継承され、深化した。常朝は、宗矩の高弟の甥である（金子［2008］一九八頁）。「武士道といふは、死ぬ事と見付けたり」と主張した『葉隠』は、現在では世界的に有名な武士道論の名著である。そこで、葉隠思想について検討しよう。

　まずは、山本常朝（つねとも）について、簡単に確認しておこう。常朝は、佐賀鍋島藩に仕える山本家の次男として、一六五九年に生まれた。父は、島原の乱（一六三七～三八年）で奮戦して負傷した後、有田皿山代官を務めている。常朝は九歳から、第二代藩主鍋島光茂に、御側（おそば）小僧、つまり雑用係として仕えた。一四歳で小小姓（こごしょう）、二十歳で御書物役手伝、二四歳で御側（おそば）御小姓役、次いで御書物役、二八歳で江戸の書写物奉行と、雑務・文書作成分野で出世していく。その後、紆余曲折を経て、三八歳の時に、第三代藩主綱茂のもとで京都役となる。四二歳の時に、隠居していた光茂が死去したため、常朝は隠居し、出家した（出家後の名は常朝（じょうちょう））。その十年後、五二歳の時から、三三歳の悩める藩士、田代陣基（つらもと）が訪れるようになり、『葉隠』の口述筆記が始まる。五七歳の時に、光茂の七男、のちの第五代藩主宗成に、藩主の心得を説いた「乍恐書置之覚（おそれながらかきおきのおぼえ）」（通称『常朝書置』）を上程する。五八歳の時に、『葉隠』全十一巻の編集が終了した（一七一六年）。常朝は六一歳で死去した（小池［1999］五九～六五頁）。

『葉隠』が記された理由は、志ある若者が、立派な佐賀鍋島藩士となるための一助とするためである。常朝は、既に壮年の時には、武士道論に関し、藩内で一目置かれる人物であった。隠居後は、田代陣基以外にも、時折、武士としての生き方に悩む藩士達が、相談に訪れていた。もっとも、『葉隠』では、実在の佐賀鍋島藩士が実名で論評されているため、最初から非公開の秘伝書とされ、信頼のおける少数の藩士のみに伝授し、相伝できる者がいなくなった時には、焼却処分とすることを考えていた。だが『葉隠』は、焼却されることなく、藩内でかなり広汎に読み継がれ、幕末期には藩主鍋島閑叟を中心とする読書会が開催された。葉隠思想は、弘道館（佐賀鍋島藩の藩校）教諭の枝吉神陽（副島種臣の兄）を通じて江藤新平（明治新政府で法務大臣に当たる司法卿として近代的司法制度の確立に尽力）や、大隈重信（大蔵卿、外務大臣、総理大臣等を歴任）など、多くの藩士に影響を与えた。特に江藤は葉隠思想の信奉者で、彼が転写した『常朝書置』が残されている（小池［1999］三八～四三頁）。

立派な藩士の育成という目的から、『葉隠』には様々な訓話が盛り込まれている。そこで本章では、『葉隠』を、葉隠思想の中核部分と、社会人マニュアル部分とに、区分する。社会人マニュアル部分とは、礼儀作法、対人関係、及び、仕事をする上での心構えや注意事項（酒席の場の注意など）である。

中核部分は、言うまでもなく、武士道について記された部分である。常朝の考える武士道（以下、葉隠武士道）は、武道と「奉公」の二本柱からなる（小池［1999］）。武道は戦う際の技術と心構えからなる。「奉公」とは、私心を捨て公に奉仕することであり、藩士も藩主も、「奉公」に努めなければならない。公とは、藩共同体のことであり、現代では地域共同体に相当する。武道のみならず「奉公」においても、武士は常に死ぬ覚悟でなければならない。

いったいなぜ、「奉公」においても、常に死ぬ覚悟でなければならないのか。それは、死ぬ覚悟がなければ、正しい行動を選択できないからである。常朝が指摘するように、人間は誰しも、死ぬよりも生きる方を選びたがる。そのため、生きるか死ぬかの二者択一の状況下では、生きる選択肢の方に理があるかのように、理屈をつける。しかしそれでは、公のために正しい行動が取れなくなってしまう。ゆえに、「奉公」においても、常に死ぬ覚悟でなければならない。いや、自分は既に死んだ身だ、と考えなければならない。これを「常住死身」という。自分は既に死んでいる、という境地に常に住まう状態ならば、生きる選択肢を選ぶために、理屈をこね回す必要がなくなる。冷静かつ客観的に考え、全ての私欲と私心を捨て、公のために真に正しい行動を選択できるようになる。常住死身とは、こうした状態に達するための心構えである（『葉隠』第一巻第二話。以下、巻号と話数のみを記す。依拠した原文は、和辻・古川校訂［1940］、和辻・古川校訂［1941a］、和辻・古川校訂［1941b］）。

これが、「武士道といふは、死ぬ事と見付けたり」（第一巻第二話）という言葉の真意である。

だが残念ながら、戦後の日本では、この真意が伝わらず、死を重視するイデオロギーのように誤解する者も少なくない。その原因の一つは、上方風武士文化に対する常朝の強い反発にある。常朝が葉隠で主張した武士道は、一般論としての武士道ではない。佐賀鍋島藩の藩士が身につけるべき武士道である。

常朝は、二つのものより、葉隠武士道を作り上げた。一つ目は、父をはじめとした上の世代の佐賀鍋島武士達から継承した部分である。二つ目は、上方武士に対する強烈な反発から、生み出された部分である。

常朝は、幼い頃から藩主の御供として、江戸や上方（京都や大阪などの関西地方）を訪れ、滞在した。成長してからは、江戸や京都で勤務した。常朝は、江戸・上方と、佐賀を往復することで、佐賀人としての、そして佐賀鍋島武士としてのアイデンティティを確立していった。とりわけ、上方の武士ないしは武士文化には強く反発し、彼のアイデンティティの形成に大きく影響した。

私見によれば、葉隠武士道には、一般的な武士道とは異なる特徴が、三点ある。常朝の視点から、葉隠武士について、上方武士と比較しつつ、検討しよう。

葉隠武士は、第一に、素朴である。これは、現実の佐賀鍋島武士、いや、佐賀人一般の姿である。なぜなら佐賀は、常朝自身が指摘するように、田舎だからである。対して上方は都会のため、上方武士は華美華麗であり、佐賀鍋島武士の対極にある。だが、田舎風を見下し、上方をうらやむのは、うつけである。所詮、よそ風をまねても、にせものにしかなれない。よって、「御国は田舎風にて初心なるが御重宝にて候」、つまり、佐賀は田舎であるため、「初心（うぶ）」（飾らないありのままの心、つまり素朴）を大切（「重宝」）にすべきなのである（第一巻第四九話）。

第二に、葉隠武士は、武骨である。武骨さは、上の世代の佐賀鍋島武士の現実の姿であり、現在の世代も継承すべきものだと、常朝は考えた。一方、上方武士は、常朝の目には、上品で洗練されており、佐賀鍋島武士の対極に位置した。常朝の主張によると、佐賀鍋島武士は、素手格闘術も、生き方も、角蔵流でよい。角蔵流とは、鍋島家で創始・普及した組技系素手格闘術で、力で相手を組み伏せ押さえ込む。上方の「やはら」（柔術）のような洗練された上品な格闘術の対極にあり、「げす流」（武骨）である。組技系素手格闘術の目的は、相手を組み伏せ押さえ込むことにある。その目的を達成できるのであれば、それでよい。自分達には、上品さや洗練さは必要ない（第二巻第二話）。

なお、第二巻第二話の前半部分は角蔵流についてだが、後半部分は忍ぶ恋についてである。同じ第二話の中にある以上、忍ぶ恋も、角蔵流と同じテーマである。意中の相手に打ち明けることのない忍ぶ恋を、最高の恋であると、常朝は主張する。ようするに、口べたのため打ち明けることができず、上方のような洒落た恋愛ができない。そのような佐賀人の武骨さを、全面的に肯定し、それこそが素晴らしいと言うのである。よって、格闘術も恋愛も生き方も、武骨でよいのである（第二巻第二話）。

第三に、葉隠武士は、単純であるべきだ、と考えた。これは、現実の佐賀人や佐賀鍋島武士の姿ではなく、上方武士に対する反発から生み出された理念型である。常朝は、上方武士の打算的な点を、非常に嫌った。なぜなら、打算的行動は、私心に基づくからである。私心がわずかでも混じってしまえば、その武士の行動は、公への真の奉仕から、逸脱してしまう。

もっとも、打算的な上方武士というのは、常朝の視点であり、上方武士自身にとっては、計画的な頭脳派武士という自己認識であろう。だが常朝は、計画性も打算的と見なし、厳しく批判する。たとえば、「図が当たらぬは犬死に」（所期の見込みが実現しなければ、自分の命を犠牲にしても犬死にだ）との見方は、上方風の悪い発想である。生きるか死ぬかの二者択一の状況の時には、常に死ぬ方の選択肢を選べ、と述べている（第一巻第二話）。近代以降の『葉隠』の読者は、この言葉を字句通りに受け止め、死ぬことを重視していると誤読してしまう。だが同話中に上方批判が行われている点を見落としてはならない。この部分の文章は、私心の混じった打算的な上方武士への批判である。完全に私心を捨て去るためには、常に死ぬ方の選択肢を選ぶくらいの心構えが必要である、と言っているに過ぎない。

このように、葉隠武士道の第三の特徴である単純さは、打算的な上方武士への反発として生まれた。

ここで、打算的な武士への常朝の批判の例を、一つ取り上げよう。赤穂浪士への批判である（第一巻第五五話）。ちなみに、大石内蔵助と常朝は、ともに一六五九年生まれの同い年であり、赤穂事件（一七〇二年）は、常朝にとって同時代の出来事であった（藤井［2017］二三～二四頁）。

常朝は、赤穂浪士の具体的な問題点として、二点挙げている。第一に、主君が討たれてから、敵を討つまでの時間が長すぎる（一年九ヶ月）。敵である吉良上野介は年配であるため、敵討ちの準備中に病死してしまったら、敵討ちができなくなってしまう。第二に、亡くなった主君の墓前（泉岳寺）に敵討ち成功を報告した直後に、すなわち敵討ち直後に、全員切腹すべきだったにもかかわらず、そうしなかった。この二点を指摘した後、「上方衆は智慧かしこき故、褒めらるる仕様は上手」と述べて、上方武士を痛烈に批判する。つまり赤穂浪士達は、主君のために敵討ちをしたのではなく、自分達の名声や仕官のために、つまり私心や私欲に基づいて、敵討ちをしたのではないか。常朝はそう疑っているのである。敵討ちの準備に時間をかけたのは、敵討ちを成功させるだけではなく、自分達も生き残って名声を得、自分達の再就職につなげようとしたのではないか。だからこそ、敵討ちに成功した後も、誰一人として自主的に切腹をしなかったのではないか。

繰り返しになるが、常朝は、私心がわずかでも混じれば、その行動は、公への真の奉仕から逸脱すると、考えていた。だからこそ、私心を排除するために、全ての計画性を否定し、「無分別」、すなわち単純に行動することを重視した（第一巻第五五話）。

全ての計画性を排除してしまえば、戦いに勝てなくなってしまうではないか、との疑念を持つ読者もいるだろう。だが、常朝の勝負観は違う。常朝によれば、日頃から人や書物に学び、日夜、武道の戦闘技術を具体的に繰り返しシュミレーションして改善しておくこと（「武道の吟味」）が重要である。事前に準備をしておらず、闘わねばならない状況が発生してから考えても、間に合わない。大方、恥をかく結果となってしまう。勝敗は、日頃の準備と、時の運によって決まる。ゆえに、闘うべき状況が発生した時には、事前の準備に基づいて、何も考えずに死に物狂いで闘えばよい。たとえ勝負に敗れて死んでも、時の運がなかっただけであるので、恥にはならない（第一巻第五五話）。

「武士道は死狂ひなり」（第一巻第百十四話）も、死ぬことを重視した言葉だと誤読されることが多い。だがこれも、心構えを説いているに過ぎない。同話の中で常朝は、本気になった程度では大業は成就しない、気違いや死狂ひになって取り組まなければ大業は成就しない、と述べている（第一巻第百十四話）。よって「死狂ひ」という言葉は、現代の「死に物狂い」に相当する言葉に過ぎない。

では、常住死身の境地で奉公したケースには、どのようなものがあるのか。一つだけ例を挙げよう。山村十左衛門（常朝の妻の伯父）は、かつて、「長崎聞番」（長崎奉行との連絡役や貿易業務等を担う役職）に就いていた時に、長崎で大火事が発生した。多くの町人が焼け出され、飢餓に直面した。すると十左衛門は、自らの一存で、長崎にある佐賀鍋島藩の米蔵のコメを、全て無償で町人達に提供し、飢えた人々を救った。その後、事後報告として、その件を藩に報告した。結果的には、十左衛門のその行為は藩に評価され、褒美として二〇石の加増を受けた（第十一巻第百二十話）。

ここで注意すべき点は、十左衛門は、藩の財産であるコメを、藩主の許可を得ることもなく、それも、長崎警備や貿易に必要な経費に充てるコメを、飢えた長崎町人達に提供したという点である。この行為は、法的には藩の財産の横領に相当し、重罪である。また経済的には、佐賀鍋島藩の長崎警備や貿易に支障が出るため、藩の経済や財政にとって大打撃である。もし藩主や家老達が、法令遵守を形式的に重視する者達、あるいは藩財政のみを重視する利己主義的な者達だったならば、十左衛門は死罪である。十左衛門は、法令遵守・藩財政と、人命救助のどちらを優先するかという、非常に難しい判断を迫られた。その時、十左衛門は、切腹覚悟で人命救助を選択した。常朝が目指した奉公とは、このように、慈悲の心に基づき、自分の命よりも人民の命を選択するものであった（大園［2017］一五〜一七頁）。

常朝は、二十一歳の時に仏法の血脈（けちみゃく）（師から弟子へ仏教の精髄を伝えること）を受けた（小池［1999］六一頁）。敬虔な仏教徒であった常朝にとって、慈悲は、非常に重要な価値観である。『葉隠』は、「夜陰の閑談」という序文から始まるが、その序文の最後は、四誓願によって締めくくられている。その四誓願は、「一、武士道に於いておくれ取り申すまじき事。一、主君の御用に立つべき事。一、親に孝行仕るべき事。一、大慈悲を起し人の為になるべき事」である。この四誓願を、毎朝、神仏に念じれば、尺取虫のように少しずつではあるが、前進できる。すなわち、立派な武士へと成長できる（和辻・古川校訂［1940］二一頁）。

四誓願のうち、最初の三つは、当時の武士にとって当たり前のことである。よって、慈悲の心に基づいて人民に奉仕せよ、という四つめの誓願こそが、常朝の考える奉公の核心である。なお、原文における「人」とは、人民のことである。『葉隠』では、武士のことを、武士、あるいは、奉公人、と記している。武士と記した時は、闘う側面が重視されており、奉公人と記した時は、公に奉仕する側面が重視されている。

以上より、葉隠思想の核心は、下記のようにまとめることができる。

武士は、死んだつもりになって（常住死身）、全ての私心・私欲を捨て（無私）、慈悲の心に基づき、公（おおやけ）、すなわち地域共同体、あるいは人民に、奉仕しなければならない。そして、常住死身の無私の境地に達した武士は、全ての煩悩から解き放たれ、魂の自由を得る。

常朝は、「常住死身になりて居る時は、武道に自由を得」と述べている（第一巻第二話）。この言葉の意味は、常住死身の境地にいる時は、死にたくない、ぶざまな死は嫌だ、闘いに勝って名声を得たい、といった、闘いの際に生じる恐怖や名誉欲などの様々な煩悩から解放されて、魂の自由を得られるということである。もちろん煩悩は、闘いにまつわるものだけではない。常住死身になれば、全ての煩悩から解放され、魂の自由を得られる。それこそが、武士の真の生き方である。

このように、葉隠思想は、自己犠牲、無私の精神、魂の自由という点で、活人剣思想よりも、さらに深化を遂げたのである。

武士は、江戸時代における支配者層である。つまり現代においては、エリートやエスタブリッシュメントと呼ばれる人々に相当する。果たして、現代のエスタブリッシュメントは、私心なく慈悲の心に基づき地域共同体や人民に奉仕しているだろうか。いや、そもそも現代社会は、エスタブリッシュメントが信奉するグローバリズムにより、地域共同体は解体・消滅の危機に直面し、多くの人民の命が奪われている。我々は今こそ、人々の命を奪うグローバリズム思想から脱却し、人々の命を守る活人剣思想や、地域共同体を守る葉隠思想に転換しなければならない。

4　結論　葉隠武士道をグローバル倫理に

近年の欧米では、米国トランプ大統領やフランスのマリーヌ・ル・ペン大統領候補など、移民排斥を唱える政治家が国政選挙で躍進している。躍進の背景にある構図は、実は古典的である。なぜなら、資本家と労働者の対立だからだ。より実態に即して言えば、グローバル資本家と、地域社会に根ざし、地域共同体を支える地方労働者との対立である。

グローバル資本家の立場としては、労働者を低賃金で使い捨てにできれば、すなわち社会のアウシュヴィッツ化を実現できれば、利潤を最大化できる。そのために必要なことが、労働力の無限補充である。労働力の無限補充を実現するためには、難民、移民、外国人労働者を、人道主義という名目で、無制限に受け入れれば良い。ドイツのメルケル首相が、二〇一五年八月に、難民申請の件数に上限は設けないと述べ、シリア難民を無制限に受け入れると宣言した背景には、低賃金労働者を欲するドイツ経済界の意向があった。ドイツは、深刻な少子化に加え、ユーロ危機を一人勝ち状態で乗り切ったため、欧州ではまれな労働力不足状態に陥っていたからである。特に、建設業、工場労働、物流などの単純労働分野で、人手不足であった（三井［2015］一五八～一五九頁）。ハンガリーに滞留していたシリア難民の第一陣は、九月五日にドイツのミュンヘン駅に到着したが、その翌日、メルセデス・ベンツ社の代表取締役は、シリア難民へ採用の説明をする用意がある事を述べた上で、「まさにこのような人材を我々は求めている」と、インタビューに答えている。シリア難民の多くは教育水準が比較的高く、若くて元気だからである（川口［2016］一五七～一六一頁）。

そもそも少子化は、結婚適齢期の男性の低賃金が背景にある（金子［2008］五七頁）。低賃金であるがゆえに、結婚できない、もしくは子供をつくれない。だが逆の視点から見れば、日本やドイツなどの深刻な少子化が進行している国では、若者達が自らの禁欲によって、少子化を進行させて労働供給量を減少させ、グローバル資本家に対し、賃金の引き上げを要求していると言えなくもない。

実際ドイツでは、それまで法定最低賃金が定められていなかったが、経済界の猛反対を押し切り、二〇一五年一月より、法定最低賃金が時給八・五ユーロとなった。少子化による人手不足により、経済界も労賃引き上げを飲まざるを得なかったわけである。なお、フランスの法定最低賃金は九・六一ユーロである（川口［2016］一二〇～一二一頁）。

だが、そうした労働者側の抵抗に対し、グローバル資本家は、人道主義の名の下に、難民・移民・外国人労働者の大量受け入れ、すなわち労働力の無限補充を推進している。当然、もともと欧州や米国に居住している欧米人労働者にとって、労働力の無限補充は、自分達の命にかかわる問題である。だからこそ、難民・移民・外国人労働者の無制限の受け入れには反対する。そうした労働者達に対し、人種差別主義者のレッテルを貼って非難してきたのが、グローバル資本家側である。だが、多くのマスコミ関係者も識者達も、グローバル資本家対地方労働者の構図が見えず、人道主義者対人種差別主義者の対立であると思い込んでいる。

いや、本当は、この真の構図に気づいている者も、少なくないのかもしれない。自らの私欲や保身のために、見て見ぬふりをしているのかもしれない。マスコミ関係者や識者の中にも、大企業の株式を大量に保有している者もいるだろう。彼らにとって、労働力の無限補充は、企業の利潤を最大化することで、自分達への配当金の最大化をも、もたらす。また、もし移民受け入れ反対の側に回れば、自分も人種差別主義者のレッテルを貼られ、攻撃を受けるのは確実である。それを恐れ、自らの保身のために、口をつぐんでいる者もいるだろう。

今、世界のエリートやエスタブリッシュメント、あるいはインテリと呼ばれる人々に必要なイデオロギーこそが、死んだつもりになって全ての私心・私欲を捨て、慈悲の心に基づき、地域共同体や人民のために、正しい行為を実行する葉隠武士道である。彼ら自身も、常住死身により無私の境地に至ることによって、保身や、私的利益の飽くなき追求という煩悩から解放され、魂の自由を得られる。

現状のように、人道主義の名の下に、自らの私利私欲を追求するグローバル資本家とその追随者達を放置していれば、世界中がアウシュヴィッツ化し、世界中で凄惨なテロが発生し続ける。ゆえに我々は今こそ、現状を変革しなければならない。葉隠武士道の精神が、世界中のエリート層に普及すれば、世界のアウシュヴィッツ化は止まり、テロや内戦は終息へと向かう。葉隠武士道を学び、世界に伝えることが、世界平和への第一歩である。

そこで、今後の日本が採るべき世界戦略は、教育改革である。第一に、日本の大学や大学院において、活人剣思想や葉隠思想などを中心とした江戸武士道を、エリートやインテリが学ぶべき道徳哲学として、必修科目にする。そして第二に、世界各国のエリートのタマゴ達を、国費留学生として日本に留学させ、江戸武士道を学ばせる。

近年の世界各国のエリート層の若者達は、米国に留学してネオリベ思想に染まり、帰国してから、母国でネオリベ的改革を行う事が多い。その結果、チュニジア、エジプト、シリア、リビアなどでは、ネオリベ的改革により貧困層の生活が行き詰まった。そうした状況下で、二〇一一年、国際小麦価格が、二倍に高騰した。小麦自給率が低い中東諸国の人民は、生存の危機に直面した。そのため、人民の生活を顧みない独裁者に対し、命がけで立ち上がった（金子［2015b］二一～二八頁。本書第二章）。これが、いわゆるアラブの春の背景である。チュニジアとエジプトでは独裁政権が打倒されたが、シリアとリビアでは、未だに内戦が続いている。

このように、近年では、米国留学組が、世界各国でネオリベ的改革を推進し、世界各地で混乱と内戦を引き起こす原因の一つとなっている。教育が持つ社会への影響力は、実に大きい。

ちなみに日本では、大学における経済学教育の失敗が、いわゆる「失われた二〇年」と呼ばれる長期経済停滞を引き起こした。「失われた二〇年」は、財務省による緊縮財政や大衆増税、日銀による金融引き締めなどが原因である。これらの政策は、マルクス経済学の主流派である講座派理論に基づく。講座派は、日本資本主義は、日本人を搾取し、日本人を貧窮化させ、デフレ不況を引き起こすことによって、資本蓄積を進展させ、発展してきた、と捉えた。そのため、東京大学などで講座派理論を学んだ者が、卒業後に財務官僚や日銀官僚となり、政策を実行できる地位に就いた時に、日本資本主義を発展させるためには、より一層の資本蓄積が必要だと考え、緊縮財政、大衆増税、金融引き締めなどによって、デフレ不況を引き起こしてきたのである（金子［2014c］一〜一一頁。本書第六章）。

教育が持つ社会への影響力、とりわけ、エリートへの教育は、我々の想像を遥かに超えるほど、強大な力を持つ。ゆえに、二十一世紀の日本にとって、国内の発展戦略においても、世界戦略においても、教育こそが、最も重要な戦略となる。活人剣思想や葉隠思想などを中心とした江戸武士道を学ぶことを、教育の中心に据えることで、日本は再び発展し、世界は平和へと向かう。

初出　「葉隠武士道は世界平和を築けるか――反グローバリズム時代の幕開けと日本の世界戦略」『文明研究・九州』（比較文明学会九州支部）第十一号、二〇一七年八月。

※若干の加筆修正を加えた。

第二章　グローバル経済と人道危機国家

1　問題の所在　人道危機の発生理由は何か

現在、世界各地で深刻な人道危機が多発している。

内戦状態のシリアとイラクでは、過激派組織ＩＳ（イスラミック・ステート。自称イスラム国）が、多くの人々を虐殺し、奴隷制度の復活を宣言した。二〇一四年八月には、少数派のヤジド教徒の村々を襲撃し、男達を虐殺、女性や子供を奴隷として売買した。

ナイジェリアでは、二〇一四年四月、過激派組織ボコ・ハラムが女子校を襲撃、約二七〇名の女生徒を拉致し、奴隷として売り飛ばすことを宣言した。その後、拉致された女生徒の一部は、ボコ・ハラムの戦闘員と強制結婚させられ、十代前半の女生徒の一部は、自爆テロを強制されている。

パキスタンでは、女子教育の重要性を訴えていたマララ・ユスフザイさん（当時十五歳）が暗殺の標的とされ、頭部に銃撃を受けて瀕死の重傷を負った（二〇一二年十月）。彼女は奇跡的に回復し、その後も自らの主張を貫き続け、二〇一四年にノーベル平和賞を受賞した。だが、犯行グループの過激派組織パキスタン・タリバン運動は、未だにマララさんの命を付け狙っている。それに加え同組織は、二〇一四年十二月、パキスタンの大都市ペシャワルのエリート学校を襲撃し、生徒ら一四一名を殺害した。

内戦、テロ、虐殺、女性や子供の奴隷化など、極めて深刻な人道危機である。いったいなぜ、このような人道危機が発生するのか。

フランスの歴史人口学者で家族人類学者のエマニュエル・トッドによると、多くの社会は、近代への移行の過程で、暴力と流血の時代「移行期危機」を経験する。現在のイスラム圏は、近代への移行の過程であり、イスラム過激派によるテロの多発も、移行期危機によるものである。近代への移行は、識字率の上昇と出生率の低下によって引き起こされる。彼の主張を以下に簡潔にまとめよう（トッド及びクルバージュ［2008］、トッド［2011］など）。

二十代前半の青年層の識字率が五〇％を超えると、政治的革命が発生する。トッドによると、イングランド（ピューリタン）革命、フランス大革命、ロシア革命、中国革命、イラン（ホメイニ）革命、それに、二〇一一年のチュニジアとエジプトの独裁政権崩壊も、皆同様である。文字の読み書きができれば、政治ビラを読み、自分でも書けるようになる。加えて、識字率が五〇％

を超えた時とは、半数以上の家庭で、父親は文字を読めないが、息子達は文字が読めるという状況である。ゆえに父親の権威は失墜し、同時に、国王などの政治権力者の権威も低下する。その国の社会構造は、その国の家族構造と一致するからである。

出生率の低下は、社会全体の宗教意識の低下、すなわち世俗化を意味する。キリスト教やイスラム教などの伝統的大宗教は、出産増加を奨励しているからだ。

出生率の低下は、伝統的家族構造の維持を困難にするため、社会を不安定化させる。合計特殊出生率（一人の女性が一生の間に産む子供の数）が二になると、四分の一の夫婦は息子を持つことができなくなり、父系社会が動揺する。

こうした社会の不安定化や権威の失墜によって、多くの社会は流血の「移行期危機」に突入する。変化した家族構造に合致した新しい社会構造及び政治体制の建設を目指す革命勢力と、動揺した古い社会構造及び政治体制の建て直しを図る反動勢力とが、互いに暴力を用いるからだ。

現在のイスラム圏では、イスラム過激派が跋扈しているため、宗教意識がむしろ高まっているように見えるかもしれない。だが、社会全体では違う。社会全体の宗教意識の低下に危機感を覚えた一部の者が、宗教意識を過剰に高めて過激化しているのである。

トッドによると、どの社会も一定期間が過ぎると、移行期危機の時代は終焉を迎え、社会は安定する。平和で非暴力的な社会となる。そのため彼は、現在のイスラム圏の人道危機に対しても、（二〇〇八年のインタビューでは）「正常な移行期危機」と述べ、楽観的である（トッド及びクルバージュ［2008］五頁）。

だが我々は、トッドの説に基づくならば、楽観的には到底なれない。なぜなら彼によると、フランスの移行期危機は一世紀に渡って続いたからである。そしてトッドによると、ロシア革命後のスターリンによる大量虐殺も、中国革命後の毛沢東による大量虐殺も、全て正常な移行期危機なのである。一説によると、スターリンは自国民を五〇〇〇万人以上も、毛沢東は一億人以上も虐殺したとされる。過激派組織ＩＳやボコ・ハラムなどの残虐さを見せつけられた我々にとって、二十一世紀の世界は、絶望の時代に思えてしまう。なぜなら我々は、イスラム圏が移行期危機を終えるまで、深刻な人道危機を止めることができないからである。

だが、トッドとは異なる視点からの分析も可能だ。本章は、イスラム教諸国における深刻な人道危機の発生を、国際穀物価格、穀物自給率、一人当たりＧＮＩ（国民総所得）の三点で説明する。二十一世紀は、絶望の時代ではない。本章の目的は、経済学的な分析により、それを明らかにすることである。

2　穀物の国際価格とイスラム教諸国の自給率

二〇一一年に、チュニジアで、続いてエジプトで、独裁政権が崩壊した。日本のマスコミなど

グラフ1　1トン当たり国際穀物価格

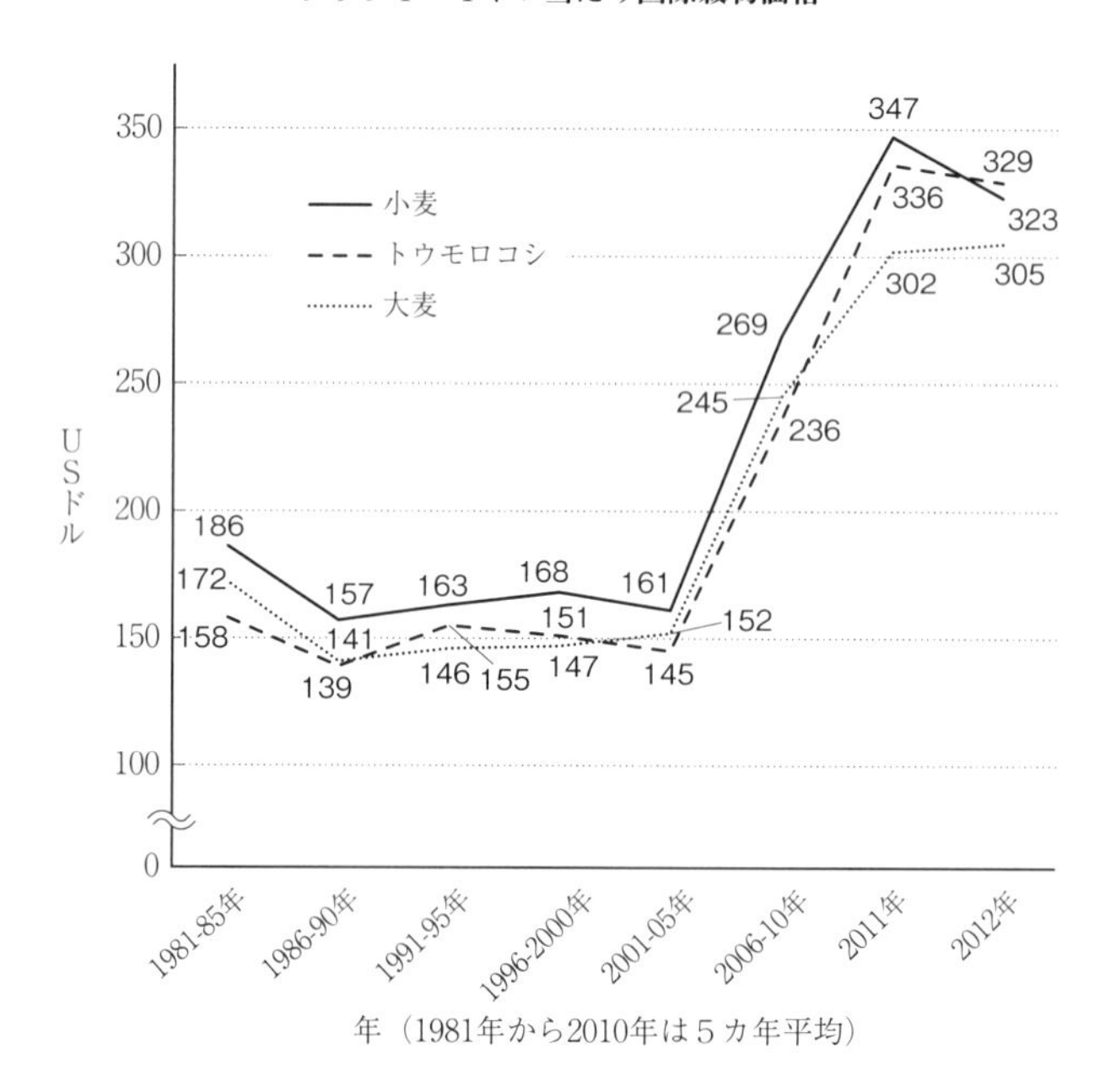

出典：FAOSTAT 2015

は「アラブの春」と呼称し、民主化革命だとの楽観的な見解が主流であった。しかし筆者は、早くも同年に、国際穀物価格の高騰が背景にあることを指摘し、「中東動乱」と呼称した（金子［2011］iv～v頁、一八七～一八九頁）。

　問題の背景には、食糧問題がある。そこでまず最初に、FAO（国際連合食糧農業機関）の最新データを用いて、国際穀物価格の変動を確認する。なお、FAOがホームページで公開している最新データは、項目により異なるが、本稿執筆時点（二〇一五年七月）で、二〇一一年、一二年、一三年のいずれかである。最新の数値には暫定値や推計値が含まれる場合があるため、翌年以降に修正されることがある。途上国の統計は、先進国と比べて信用度が低いが、大雑把な動向の把握は可能である[1]。

グラフ1は、一トン当たりの国際穀物価格の推移を示したものだ。全世界の年間輸入量と年間輸入額から筆者が算出した。もちろん、例えば小麦の場合、種類、用途、品質、産地などにより、価格が異なる。そうした差異を排除し、世界全体の長期的全体的傾向を示した。一九八〇年代から二〇一〇年までは五カ年の平均価格で、二〇一一年と一二年は単年の年間価格である。なお、国際貿易上の主要三大穀物は、貿易量の順に、小麦、トウモロコシ、コメである（金子［2008］第二章参照）。だが、中東地域は、大麦の輸入が多い国もあるため、コメを除外し、大麦をグラフに加えた。

このグラフ1から読み取れる点は、第一に、一九八〇年代後半から、二〇〇〇年代前半までの約二〇年間に渡り、国際穀物価格が低価格で推移した点である。小麦の場合、八〇年代前半に一八六ドルだったが、後半には一五七ドルに低下、その後、九〇年代と二〇〇〇年代前半は一六〇ドル台で推移した。

グラフ1の価格は、米国ドルの名目価格である。米国は、自国の経済成長率や失業率を考慮しながら、毎年、大量のドル紙幣を増刷している。紙幣増刷によって経済を成長させる政策を、リフレーション政策もしくは低インフレ政策と呼ぶ。この政策により、一ドルの実質価値は、年々少しずつ低下し続けている。よって、八〇年代後半から二〇〇〇年代前半までの約二〇年間に渡り、国際穀物価格は、実質価格では低下し続けたことになる。川島［2012］［2013］が主張する「食料過剰の時代」とは、この時代の状況を指していると思われる。

だが、二〇〇〇年代後半から、国際穀物価格は急上昇した。これが第二に、そして最も重要な点である。国際小麦価格は、二〇〇〇年代後半には二六九ドルとなり、二〇一一年には三四七ドルに高騰した。一二年は三二三ドルへとやや低下したが、それでも、二〇〇〇年代前半の平均価格一六一ドルの二倍である。この項目に関するＦＡＯの最新のデータは二〇一二年までしかないが、別のデータで月間価格を追うと、二〇一四年六月まで、ほぼ三〇〇ドルの前後で高止まりし続けたあと、七月から低下を始めた（本川［2015］）。二〇一四年七月以降の低落傾向は、後述する国際石油価格と連動しているが、低落の理由については、詳しくは本書第三章（第三節「結論」）を参照していただきたい。

グラフ1で、第三に重要な点は、二〇〇〇年代後半以降、小麦価格だけでなく、トウモロコシと大麦の価格も急上昇した点である。トウモロコシと大麦は、先進国では家畜の飼料とされることが多いが、貧しい国では、しばしば食糧として人間の主食となる。小麦価格と比べると、八〇年代前半は、トウモロコシは八五％の価格で、大麦は九二％だったが、二〇一一年には、トウモロコシは九七％、大麦は八七％の価格となった。一二年には、小麦とトウモロコシの価格が逆転し、大麦は小麦の九四％の価格となった。途上国の貧困層は、一一年時点で、小麦からトウモロココシへの転換による食費節約が不可能になり、一二年になると、大麦で食費を節約することも困難になった。

ちなみに、シリアは大麦やトウモロコシの輸入が比較的多い国である。二〇一〇年から一一年にかけて、小麦の輸入量は一〇五万トンから五四万トンへと半減したが、大麦の輸入量は一一万トンから三八万トンへと四倍弱に増加した（ＦＡＯデータベース。以下、FAOSTATと表記）。二〇一一年時点で、大麦の国際価格は小麦よりも一三％も安価なため、シリアの消費者の一部が、小麦から大麦へと主食の一部を転換した。これが、シリアの反政府デモが、チュニジアやエジプトよりも遅れて発生した一因である。だが一二年になると、小麦と大麦の価格差は六％に縮小してしまう。独裁政権に対し、多くのシリア国民が反抗を強めたのは、こうした国民の生活苦を独裁政権が無視して、有効な対策をとらなかったからだ。

二〇一一年の国際価格は、二〇〇〇年代前半と比べると、小麦とトウモロコシは二倍以上、大麦はほぼ三倍へと高騰した。だが、国際的な供給量が減少したわけではない。グラフ2は、世界全体の輸入量の推移を示したものだ。一九八〇年代前半、九〇年代前半、二〇〇〇年代前半は五カ年の平均輸入量で、二〇一一年は単年の輸入量である。グラフ2が示すように、世界全体の穀物輸入量は増加傾向だ。特に二〇〇〇年代以降の増加は著しい。小麦の場合、八〇年代前半から九〇年代前半にかけてと、九〇年代前半から二〇〇〇年代前半にかけて、それぞれ一割ほどずつ増加しただけだが、二〇〇〇年代前半から一一年にかけては、三割近く増加した。トウモロコシ

グラフ2　世界穀物輸入量（単位：万トン）

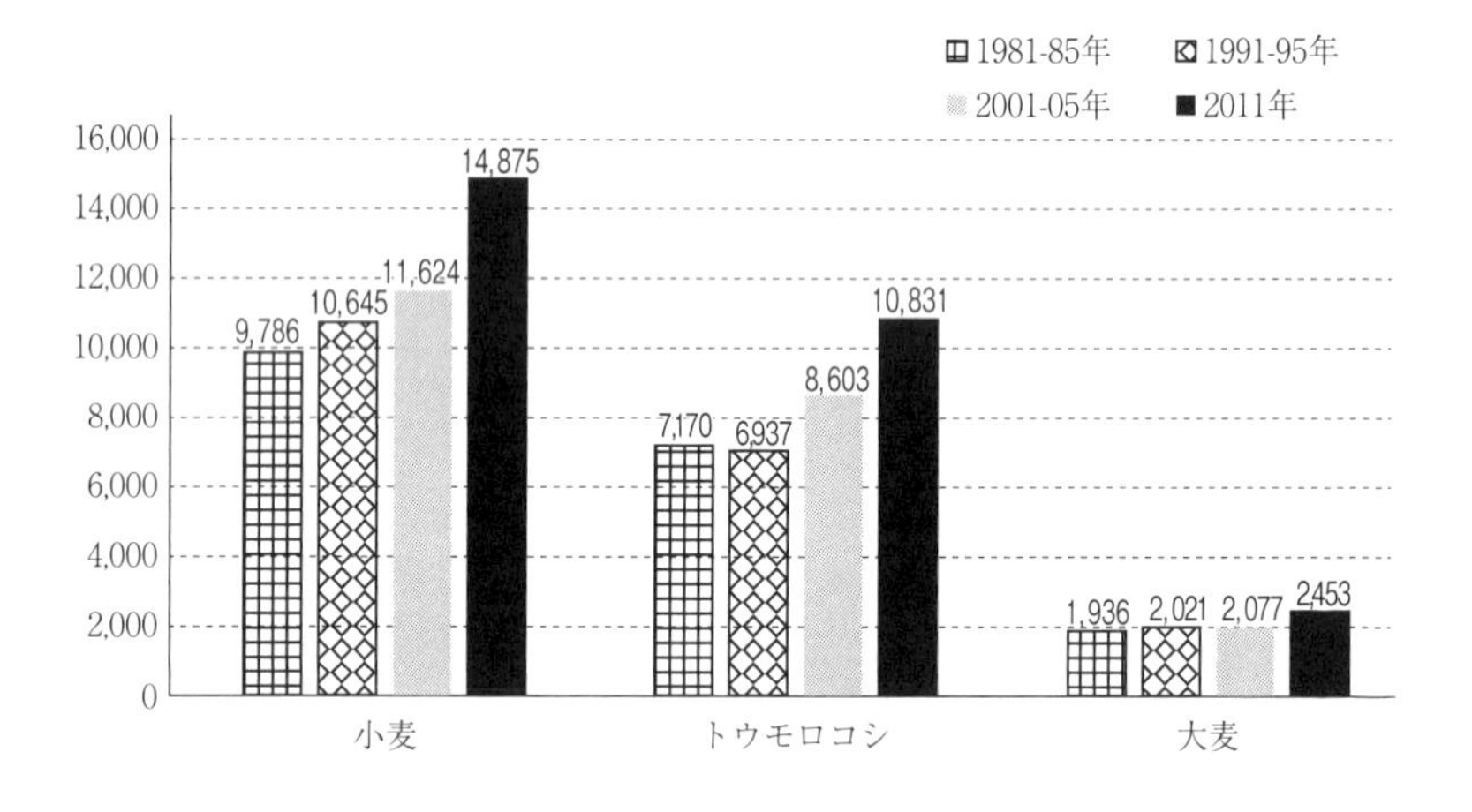

出典：FAOSTAT 2015

と大麦も、小麦とほぼ同様の傾向だ。つまり、供給増加にもかかわらず、国際穀物価格は高騰したのである。

その理由として、世界的な人口増加、新興国の経済成長などもあるが、最大の要因は、国際石油価格の上昇である。なぜなら、米国・カナダ・オーストラリアなどの主要な穀物輸出国では、大型農業機械の使用によって、石油を大量消費しながら穀物を生産しているからだ（金子[2008] 第二章）。国際石油価格は、一九八〇年は一バレル四〇ドルだったが、一九八六年には二〇ドル以下に下落し、九〇年代を通じて、ほぼ二〇ドルの前後を推移した。だが、二〇〇〇年代に入ると価格が上昇し始め、二〇一一年頃から二〇一四年半ばまで、月間価格は一〇〇ドルの前後を推移した（本川［2015］。他にKaneko 2017:149のFigure3も参照）。国際石油価格も、二〇一四年夏頃から価格が下落し始めたが、この理由についても、本書第三章第三節を参照いただきたい。いずれにせよ、石油と穀物の国際価格が同時に下落している点から、両者の連関が強いことが明らかである。

なお、二〇一〇年の世界全体の穀物生産量は二四億トンで、そのうち小麦は六・五億トン、コメは六・七億トンである（矢野［2012］二一一頁）。一トンの穀物があれば、年間六・七人の成人が生存可能である（金子［2008］二三二頁の註一七）。よって、二四億トンの穀物全てを、家畜の飼料にせずに人間が直接食べれば、一六〇億人以上を養える。二〇一〇年に生産された小麦とコメを、全ての人間に平等に分配すれば八八億人を養える。同年の世界人口は六九億人である（矢野［2012］五二頁）。よって、絶対量が不足しているわけではない。問題は価格であり、一部の人々が必要な量を買えないこと、すなわち、貧困の問題である。

表1を、見ていただきたい。深刻な人道危機が発生しているイスラム教諸国をリストアップした。凶悪なテロ組織が大規模に活動しているパキスタン、アフガニスタン、ナイジェリアに、現在（二〇一五年）内戦状態のイラク、シリア、イエメン、リビア、それに二〇一一年に独裁政権が崩壊したものの社会が安定しないエジプトとチュニジアを挙げた。

なお、日本の外務省は、外国の危険情報を四段階に区分し、「海外安全ホームページ」上で警告している。危険度の順に、「退避勧告（レベル4）」、「渡航中止勧告（レベル3）」、「不要不急の

表1　政権崩壊・人道危機発生イスラム教諸国

国名/項目	1人当たりGNI	所得の分類	危険情報	人口（万人）		増加指数	小麦純輸入量		小麦生産量		穀物自給率		小麦自給率	
				1990年	2010年		90年	10年	90年	10年	90年	10年	90年	10年
リビア	11416	高·下	4	433	636	147	120	172	13	11	10	7	10	6
チュニジア	4008	中·下	2-3	822	1048	127	85	190	112	82	54	26	57	30
シリア	2819	低·中	4	1232	2041	166	162	101	207	308	60	53	56	75
エジプト	2685	低·中	2	5684	8112	143	644	1052	427	718	61	55	40	41
イエメン	1375	低·下	4	1195	2405	201	111	268	15	27	37	23	12	9
ナイジェリア	1145	低·下	2-4	9755	15842	162	25	397	5	11	97	81	17	3
パキスタン	1041	低·下	2-4	11185	17359	155	205	19	1432	2331	94	114	87	99
イラク	835	極貧国	3-4	1737	3167	182	197	310	120	275	52	51	38	47
アフガニスタン	499	極貧国	4	1303	3141	241	32	139	165	453	89	81	84	77

（注）1人当たりGNIは2010年の米国名目ドル。所得の分類の「高·下」は高所得国下位、「中·下」は中所得国下位、「低·中」は低所得国中位、「低·下」は低所得国下位の略（本文参照）。危険情報は、日本の外務省の「海外安全ホームページ」に基づく（本文参照）。エジプトは地域によりレベル1から3まであるが、国土の大部分がレベル2であるため、2とした（以下同様）。増加指数は1990年の人口を100とした時の2010年の数値。輸入量及び生産量の単位は万トン。自給率の単位は%である。
（出典）矢野[2012]26～36頁、54～56頁。外務省「海外安全ホームページ」。FAOSTAT 2015.

渡航の中止検討（レベル2）」、「十分注意（レベル1）」、である。[2] 上記の諸国の内、二〇一五年七月時点で、リビア、シリア、イエメン、アフガニスタンは、全土が退避勧告（レベル4）である。イラクは国土の過半が退避勧告で南部などが渡航中止勧告（レベル3）、ナイジェリアは北東部がレベル4で残りの地域がレベル3と2、パキスタンはアフガニスタンとの国境地域がレベル4だが大部分の地域はレベル3と2、チュニジアは一部地域がレベル3で大部分の地域がレベル2、エジプトも一部地域がレベル3で大部分の地域がレベル2だが、首都のカイロなどはレベル1である。比較のために安全な中東の国を挙げると、アラブ首長国連邦、オマーン、カタールは、危険情報がまったく出ていない。
表1で第一に着目すべき点は、各国の一人当たりＧＮＩ（国民総所得）である。ＧＮＩはＧＤＰ（国内総生産）に海外からの所得を加えたものである。一人当たりＧＮＩを見れば、その国の国民の生活水準を、大雑把だが、把握できる。もちろん、国内の貧富の格差が大きければ大きいほど、実際の庶民の生活水準は、一人当たりＧＮＩの数値よりも低くなる。二〇一〇年の数値を用いたのは、中東動乱の前年だからである。

近年、一人当たりＧＮＩもしくは一人当たりＧＤＰの数値に基づき、高所得国、中所得国、低所得国などに分類することがある。国際機関によって分類方法や基準が異なるが、世界銀行の最新の分類によると、二〇一三年時点の一人当たりＧＮＩが一〇四五ドル以下が低所得国、それより上で四一二五ドル以下が下位中所得国、四一二六ドル以上で一万二七四五ドル以下が上位中所得国、一万二七四六ドル以上が高所得国である（World Bank 2015）。だが、世銀の分類方法は、下位中所得国の定義に、大いに違和感を感じる。例えば、表1中の国では、ナイジェリアとイエメンが下位中所得国に分類されてしまう。

一般的に、一人当たりＧＮＩもしくは一人当たりＧＤＰが四〇〇〇ドルを超えると、途上国状態を脱し中進国とされ、しばらく前までは、一万ドルが先進国の目安とされていた。世銀は、融資を目的に分類している。よって、我々が世銀の分類方法に従う必要はない。そこで本章では、高所得国、中所得国、低所得国を、それぞれ上位、中位、下位の三グループに分割し、さらに、

表2　主な政権安定イスラム教諸国

国名／項目	1人当たりGNI	所得の分類	危険情報	人口（万人）		増加指数	小麦純輸入量	小麦生産量	穀物自給率	小麦自給率
				1990年	2010年		2010年	2010年	2010年	2010年
オマーン	19545	高・下	0	187	278	149	31	0.2	8	0.6
サウジアラビア	16061	高・下	1	1614	2745	170	175	135	11	44
トルコ	10097	高・下	0	5413	7275	134	純輸出126	1967	103	107
イラン	5159	中・下	1	5487	7397	135	75	1350	73	95
ヨルダン	4553	中・下	1	342	619	181	50	3	7	6
アルジェリア	4441	中・下	1-3	2530	3547	140	507	255	32	33
モロッコ	2910	低・中	1	2478	3195	129	313	488	59	61

（注）表１と同じ。危険情報の０とは、危険情報が出ていない地域のことである。サウジアラビア、ヨルダン、モロッコは王国で、オマーンはスルタンによる君主制。
（出典）表１と同じ。

低所得国の下に極貧国という分類を設け、計一〇グループに分類する。二〇一〇年の一人当たりGNIが、一万ドル以上を高所得国とし、三万ドル以上を高所得国上位、二万ドル台を高所得国中位、一万ドル台を高所得国下位グループとする。中所得国は四〇〇〇ドル以上一万ドル未満とし、二〇〇〇ドル刻みで上位、中位、下位に分ける。一〇〇〇ドル以上四〇〇〇ドル未満を低所得国とし、一〇〇〇ドル刻みで上位、中位、下位に分ける。一〇〇〇ドル未満を極貧国とする。

表１より明らかなことは、高所得国下位のリビアと、中所得国下位のチュニジアを例外として、残り七カ国は低所得国及び極貧国である。しかも、低所得国上位グループに属する国はなく、シリアとエジプトが低所得国中位に属するだけで、三カ国は低所得国下位で、二カ国が極貧国である。

もっとも、人道危機発生国だけを見ても、それらの国の特徴を把握できない。特徴把握には、異なる国々との比較が必要である。そこで、表2では、二〇一一年から現在（二〇一五年）までのところ、政権が比較的安定している西アジア以西の主なイスラム教諸国をリストアップした。表2では、モロッコが例外的に低所得国だが、残りの国々は高所得国か中所得国である。再び、外務省の「海外安全ホームページ」に基づいて、安全度の高い国から順に並べよう。オマーンは前述した。トルコは、シリアとの国境地域がレベル4で、イラクとの国境地域がレベル3だが、大部分の地域には危険情報が出ていない。つまり、日本の外務省は、安全だと判断している。モロッコは全土がレベル1、ヨルダンはシリアとイラクの国境地域がレベル2だが、それ以外の地域はレベル1、サウジアラビアはイエメンとイラクの国境地域はレベル3と2だが、それ以外の地域はレベル1、イランは、イラクとパキスタンの国境地域がレベル4で、一部の地域がレベル3と2だが、大部分の地域はレベル1である。アルジェリアは、首都は治安が安定していてレベル1だが、国土の大部分はレベル3と2で、国境地域はレベル4である。外務省の判断では、アルジェリアは、チュニジアやエジプトよりも若干危険であるが、政権が安定しているため表2に加えた。

なお、中東の産油国アラブ首長国連邦、カタール、クウェートは高所得国上位グループであるため、バーレーンは一人当たりGNIが一・五万ドルの高所得国下位グループだが一三二万人の人口小国である（矢野［2012］二六〜二七頁）ため、表2から外した。

表1と表2から、深刻な人道危機は、高所得国では発生しにくく、低所得国では発生しやすい

ことが見て取れる。その理由は、国際価格の変動が国内価格に与える影響は、高所得国では小さいのに対し、低所得国では大きいからだ。なぜなら、高所得国では、商品の小売価格に占める比率は、人件費が高く原材料費が低いのに対し、低所得国では、人件費が低く、原材料費の比率が高いからである。

例えば仮に、小麦自給率〇％の高所得国A国と、低所得国B国があるとする。高所得国A国では、食パンの小売価格に占める原材料費、すなわち小麦代が一〇％だとする。小売店の利益が二〇％で、テレビCMなどの宣伝広告費が三〇％、残り四〇％が人件費・輸送費・光熱費等だとする。このケースにおいて、国際小麦価格が二倍に高騰した時、高所得国A国の食パンの小売価格は、どの程度上昇するだろうか。小麦代が二倍になるため、その価格上昇分を小売価格にそのまま転嫁すると、従来価格の一一〇％となる。つまり、国際小麦価格が二倍に高騰しても、高所得国A国では、国内の小売価格は一割しか上昇しない。製パンメーカーの企業努力により、人件費などの削減ができれば、従来価格の維持も可能である。また、販売戦略を転換し、テレビCMなどの宣伝広告費を全額削減すれば、従来価格よりも二割も安い価格で販売できる。

一方、低所得国では、大きく異なる。低所得国B国では、食パンの小売価格に占める小麦代が五〇％を占めたとする。国際小麦価格が二倍となった場合、小麦代も二倍となる。価格上昇分をそのまま小売価格に転嫁すれば、小売価格は従来価格の一五〇％となる。企業努力で人件費などを削減しても、従来価格を大きく上回る。どのような販売戦略や経営戦略を用いようと、従来価格の維持は不可能だ。このように低所得国は、国際価格が国内価格に与える影響が、極めて大きい。

具体的に検討してみよう。ＦＡＯの「小麦価格が最も高い国トップ一〇」によると、二〇〇一年〜〇五年（平均）において、日本は一三四九ドルで世界第一位、イエメンは二九六ドルで世界四位であった。だが二〇一一年になると、イエメンは六五三ドルで世界三位に上昇したのに対し、日本は六三四ドルで世界五位へと低下した（FAOSTAT: Top 10 countries with highest prices for the selected commodity: Wheat）。イエメンの国内小麦価格は、二〇〇一年〜〇五年（平均）も、一一年も、共に国際価格の二倍弱である。一方、日本の場合、二〇〇一年〜〇五年（平均）は国際価格の八倍以上だったが、二〇一一年は二倍弱の価格となった。日本では、企業努力や経営・販売戦略の変更により、小売価格が低下したのに対し、イエメンでは、もともと高かった国内輸送費や流通経費を削減できなかったため、内戦による価格上昇も加わり、国際価格と連動して国内小売価格が二倍に上昇した。ちなみにイエメンは、二〇一〇年の段階でも国内小麦価格は五七八ドルと高騰している（FAOSTAT:同上）。

高所得国では、エンゲル係数、すなわち、家計支出に占める食費の比率が低く、食費に占める穀物購入費の比率も低い。逆に低所得国では、エンゲル係数が高く、食費に占める穀物購入費が高い。つまり、低所得国では、収入の多くを小麦代に充てている庶民が多い。一人当たりＧＮＩが約四万四千ドル（二〇一〇年）で高所得国上位グループに属する日本（矢野［2012］二七頁）と、一三七五ドルで低所得国下位のイエメンとが、共に、小麦の国内価格が六〇〇ドル台となったことは、驚くべきことだ。イエメンの庶民は、深刻な生活苦に陥ったはずである。内戦が発生するのも頷ける。

次に、表1の各国の穀物と小麦の自給率を検討しよう。パキスタンを除き、自給率が著しく低い国が多い。もっとも、日本の穀物自給率を基準にすると、中東及び北アフリカ諸国の穀物・小麦自給率の低さが、異常であることが分からなくなってしまう。

日本の農林水産省によると、日本の穀物自給率（二〇〇九年）は、一七六の国・地域中一二七番目で、先進国クラブとも呼ばれるOECD（経済協力開発機構）加盟三四カ国中三〇番目である。G7（主要先進七カ国）の穀物自給率を、高い国から順に並べると、カナダ一八〇%、フランス一七四%、米国一二五%、ドイツ一二四%、英国一〇一%、イタリア六八%、日本二六%である。アジアの主な国を並べると、タイ一四四%、ベトナム一一六%、インド一〇四%、中国一〇三%、フィリピン八五%、韓国三三%などである（農水省［2012］）。

G7で穀物を自給できていないのは、イタリアと日本だけである。また、日本と韓国は、穀物自給率が二割台から三割台であり、異常に低い。だがその理由は、家畜の飼料用トウモロコシを大量に輸入しているからだ。日本人と韓国人の主食であるコメの自給率（二〇〇九年）は、韓国一〇六%、日本九五%である（矢野［2012］一一六頁）。国民の主食用穀物の自給率という視点では、日本は最低限の食糧の安全保障を守っているとの見方も可能である。

一方、人道危機が発生しているイスラム教諸国はどうか。表1の低所得国中位グループから検討しよう。まずは二〇一〇年の自給率を確認する。エジプトは小麦が主食だが、小麦自給率は四一%しかない。国際小麦価格が高止まりしている間は、国内価格も高止まりし続ける。よって、独裁政権が倒れて民主化しても、庶民の生活苦は改善されないため、社会は安定しない。シリアは、前述のように、小麦以外に大麦も比較的多く消費する国である。シリアの小麦自給率は一九九〇年の五六%から、二〇一〇年には七五%へと上昇している。だが穀物全体の自給率を見ると、同期間に六〇%から五三%へと低下している[3]。

エジプトとシリアは、一人当たりGNIが低い低所得国中位グループであるのに加え、前者は小麦自給率が四割、後者は穀物自給率が五割強しかないため、国際価格の影響が国内価格に反映されやすい。さらに両国では、二十一世紀初頭頃から新自由主義的改革が推進されたため、貧困層への公的支援は削減され、貧富の格差が拡大していた（金子［2011］一八九頁）。

新自由主義の信奉者は、自由貿易や規制緩和の促進により、市場原理をより一層貫徹させれば、経済成長が促進されるはずだ、と信じている。しかし第一に、自由貿易によって経済成長が実現するための大前提には、失業が発生しないこと、もしくは失業者がすみやかに再就職できること、がある。だが現実には、多くの労働者が長期間失業し続けるケースがある。これまで世界各国で推進された規制緩和は、経済成長に貢献したケースと、うまくいかずに失敗したケースとがあることは、規制緩和推進派の経済学者も認めている（若田部［2015］五〇〜五二頁）。

しかも、例え経済成長が実現しても、市場原理のより一層の貫徹とは、低所得層にとって、食糧などの生きるために必要な商品を、市場で充分に購入できなくなることを意味する。この問題を、新自由主義者は、いったいどう考えているのか。実は、新自由主義などの米国の市場原理主義思想の背景には、プロテスタント系のキリスト教原理主義思想がある。彼らにとって、市場原理に基づく市場秩序は、天地を創造した神によって創られたものであり、ゆえに神の秩序である。そのため、市場原理は、敬虔な信者の自分達には富をもたらすはずだが、不信心者、カトリック教徒、イスラム教徒などに対しては、失業や貧困という懲罰を与える、と考えている（金子［2008］第一章、金子［2011］七四〜八一頁）。

こうした新自由主義思想は、一九九〇年代以降、米国に留学したエリート層が中心となって、宗教的背景を理解せずに、世界各国で広められた。新自由主義社会などの市場原理主義社会も、他の社会システムと同様にクローニー（縁故）社会であるため、権力者と縁故関係にある者が、規制緩和の名の下に、規制などを自分達に有利に付け替えることが可能である（金子［2008］五八〜六一頁）。

そのため、エジプトやシリアのように独裁政権だった国では、新自由主義的改革は巨大な利権と化す。独裁者の家族等の関係者に莫大な富をもたらす一方で、多くの庶民を貧困化させる。そうした最中に国際穀物価格が高騰したため、多くの国民が深刻な生活苦に陥ったのである。

加えて、穀物価格の高騰は、国全体の経済成長にマイナスの影響を与える。なぜなら、低所得国の庶民は、家計支出に占める穀物購入費の比率が高い。そのため、穀物価格が上昇すると、衣服、日用雑貨、大衆家電製品などの購入を控えざるを得ない。その結果、それらの商品を販売・生産する自営業者や企業の売り上げが減少する。自営業者は、穀物価格の上昇と収入減少のダブルパンチで、より一層の生活苦に陥る。売り上げが減少した企業は雇用を削減するため、失業者が街に溢れる。失業者は最低限の消費しかしないため、失業者が増加すればするほど、国全体で企業の売り上げが減少し、景気が悪化する。

もちろん逆に、穀物価格が低下すれば、経済成長にプラスの影響を与える。

ところで、シリアもエジプトも、古代文明の時代は、穀倉地帯を抱えた食糧の豊かな国だったはずである。それがなぜ現在では、穀物自給率が半分ほどしかないのか。その最大の理由は、人口増加である。一九九〇年から二〇一〇年の二〇年間の間に、シリアは一・六倍以上に、エジプトは一・四倍強に人口が増加した。穀物生産も増加したが、その増産速度は人口増加速度より劣るため、穀物自給率が低下した。同期間中に、シリアは六〇%から五三%へ、エジプトは六一%から五五%へ低下している。二百年以上昔に、トマス・ロバート・マルサスが『人口論』で唱えた人口増加と食糧増産との関係が、残念ながら、現代の中東・北アフリカ地域には当てはまる。

次に、低所得国下位グループを検討する。イエメンはもともと自給率が低いが、一九九〇年から二〇一〇年にかけて、穀物自給率は三七%から二三%へ、小麦自給率は一二%から九%へ、下落した。その理由は、同期間に人口が二倍に増加したからだ。同国は一人当たりＧＮＩも著しく低いため、前述のように国際小麦価格の高騰が国内小麦価格の高騰に直結し、民衆は生活苦に陥った。そうした中、以前から対立関係にある各宗派に対し、近隣の諸外国が支援したため、内戦が激化・長期化している。二〇一五年三月からは、スンニ派の盟主を自認するサウジアラビアが、イランの支援を受けるシーア派系武装組織「フーシ派」を排除するために、イエメンに軍事介入している（新聞各紙の報道による）。

ナイジェリアは、もともと小麦を食べる食文化ではなかった。西アフリカでは、雑穀類のソルガムやミレット、あるいはトウモロコシを主食とする食文化がある（金子［2008］二三二頁、註一九）。二〇一〇年の各種穀物の生産量は、多いものから順に、第一位トウモロコシ七六八万トン、第二位ソルガム七一四万トン、第三位ミレット五一七万トン、第四位コメ四四七万トンである（FAOSTAT）。一九九〇年から二〇一〇年にかけて、小麦の純輸入量は二五万トンから三九七万トンへと急激に拡大した。この小麦輸入の急拡大により、同国の穀物自給率は、同期間に九七％から八一％へと低下した。

ナイジェリアは多民族国家で、南西部のヨルバ人（全人口の一八％）、北部のハウサ人（一七％）、南東部のイボ人（一三％）など二五〇以上の民族からなる。イスラム教徒は人口の約半分を占め、キリスト教徒は、プロテスタントとカトリックが、それぞれ人口の十数％ずつを占める。アフリカ最大の産油国だが、民族対立や宗教対立が根深いため、原油収入は貧困解消やインフラ整備に生かされていない（二宮［2015］二九六頁）。

そうした事情を考慮すると、輸入された小麦の多くは、欧米的なライフスタイルを享受可能な大都市の高所得層と中所得層が消費し、地方の住民は、国内生産のトウモロコシ、雑穀、コメが主食だと推測される。また、同国の穀物輸出量は、二〇〇二年に九・六万トンとなってピークに達したあと減少し、一〇年はわずか二五九トンである（FAOSTAT）。二〇〇〇年代後半に国際穀物価格が高騰したにもかかわらず、逆に穀物輸出がほぼ消滅したため、同国への国際穀物価格の影響は、大きいとは言えない。同国は、高所得者上位二〇％が国全体の富の五割以上を保有する一方で、低所得者下位二〇％が国全体の富の五％程度しか保有していない格差の大きな社会である（矢野［2012］四五〇頁）。よって同国は、一人当たりＧＮＩでは低所得国下位グループに属するが、実際の庶民の生活水準は、極貧国並の貧しさである。同国で深刻な人道危機が発生している最大の要因は、極度の貧困と格差である。その貧困と格差が、民族対立や宗教対立を激化させている。

次に、ギリギリで低所得国下位グループに属するパキスタンを検討しよう。一九九〇年から二〇一〇年にかけて、人口は一・五倍以上に増加したが、それ以上に穀物が増産されたため、穀物自給率は、同期間に九四％から一一四％に増加した。小麦自給率も八七％から九九％へと増加した。

ではパキスタンは、この自給率の高さゆえに、国際穀物価格の影響を受けていないのか。実は、大きな影響を受けている。なぜなら、小麦の輸出が急増したからだ。同国の小麦（小麦粉含む）

の輸出量は、二〇一〇年はわずか一万トンだったが、一一年には三三三万トンへと急増した。一トンの穀物は年間六・七人の成人を養うことができる（金子［2008］二二一頁の註一七）ため、二二三一万人分の食糧に相当する膨大な輸出量である。だが、パキスタン国内の小麦生産量は、二〇一〇年から一一年にかけて、一九〇万トン増加しただけである（FAOSTAT）。

国際穀物価格の推移を月間価格で見ると、二〇一〇年の夏頃から一一年初めにかけて、急上昇した（本川［2015］）。そのため、パキスタンの農民達は、より多くの収入を得ようと、一一年の春以降、穀物の増産に努めた。だが、小麦の増産能力を遥かに超える量の小麦が、輸出されてしまった。こうした事実は、パキスタン国内の小麦価格が、国際価格に敏感に反応したことを意味する。

二〇一〇年におけるパキスタンの小麦、コメ、トウモロコシの三大穀物生産量の比率は、それぞれ順に、六八％、二一％、一一％である（FAOSTAT）。つまり、パキスタン国民の七割は小麦を主食としている。だが二〇一一年以降、パキスタン国内では、増産量以上の小麦が輸出されたため、小麦不足に陥り、小麦を主食とする消費者に、打撃を与えた。二〇一〇年から一一年にかけて、トウモロコシは五六万トン、コメは一九六万トン増産された（FAOSTAT）。したがって、国全体では穀物不足ではない。だが、国際コメ価格は、国際小麦価格の二倍前後である。コメは小麦よりも高価格なため、それまで小麦を消費していた庶民にとって、コメの購入は、生活を大いに圧迫する。

パキスタンでは、凶悪なテロ組織が深刻な人道危機を引き起こしている。その一方で、現在の政権は、比較的安定している。その理由は、以下であると考えられる。二〇一一年以降の同国では、国際穀物価格の高騰が、国内穀物価格の上昇をもたらした。穀物生産農家は大いに生産意欲が刺激され、穀物の生産量を増加させた。価格上昇と生産量増加により、穀物生産農家の収入は増加した。それが、穀物生産農家達の政権への支持へとつながった。だが商工業従事者は、穀物価格の上昇により、生活苦に陥る者もいた。特に、小麦を主食とする低所得の商工業従事者は、小麦不足から、高価格のコメか、小麦の下級代替財であるトウモロコシの消費を増やさざるを得ない。生活苦は、政府や社会への不満に結びつく。不満を持つ者の増加は、テロ組織が活動しやすい環境を生み出す。国際穀物価格の高騰を契機に、パキスタンでは、利益を得た国民と、打撃を受けた国民の両者に分断されたことが、テロ組織の活動活発化の背景にある。

次に、極貧国に属するイラクとアフガニスタンを検討しよう。イラクは、一九九一年の湾岸戦争以前は中所得国であった。一九九〇年の一人当たりGDPは四一一〇ドルである（二宮[1996]一九頁）。だがそれ以降、敗戦と経済制裁などによって、一人当たりGDPは数百ドル程度に落ち込んでしまう。その後、二〇〇三年のイラク戦争により、フセイン政権は米国によって打倒されたが、社会の混乱が続いた。とは言え、石油の生産量の回復と、国際石油価格の高止まりを背景に、二〇一一年、一二年と、一人当たりGNIは上昇している。一一年は二四八四ドルで、一二年は四六七五ドルである（矢野［2013］一一七頁、矢野［2014］一一七頁）。[4]

イラクのような産油国は、国際石油価格の高止まりによって国全体としては利益を得る。だが、国際石油価格の上昇は国際穀物価格の上昇を引き起こす。イラクの小麦自給率は、二〇一〇年において五〇%を下回っているため、国際価格の影響が国内価格に反映されやすい。よって、石油産業などに携わっていない庶民は、小麦価格の上昇によって生活苦に陥る。国家が石油収入によって得た富を、国民全体に再分配しない限り、生活苦に陥った庶民は政府に対する不満を高める。だがシーア派のマリキ政権（二〇〇六年五月～一四年九月）は、シーア派を優遇し、スンニ派への再分配を拒否したため、スンニ派住民の居住地域を中心に、スンニ派系の過激派組織ISが支配地域を拡大するに至った。

アフガニスタンは、表1の中で、一人当たりGNIが最も低い。深刻な人道危機が発生するのも頷ける。加えて、二〇一〇年の穀物自給率と小麦自給率は八〇%前後しかない。陸上輸送費は水上輸送費と比べて遥かに高価格なため、内陸国のアフガニスタンでは、輸入小麦の国内販売価格は高くなる。極貧国で内陸国である同国が穀物を輸入せざるを得ない理由は、人口爆発が原因である。一九九〇年から二〇一〇年の二〇年間で、人口は二・四倍に急増している。人口の増加指数は、表1の中で最も高い。人口成長率と経済成長率が同じ数値の場合、一人当たりGNIは増加しない。つまり、人口成長率の高い国は、それを上回る高率の経済成長を実現しない限り、永遠に極貧国のままである。

具体的には、アフガニスタンの一九九〇年から二〇〇〇年の平均人口増加率は五・八%である

（矢野［2012］五九頁）。この場合、経済成長率が五・八％以上でないと、一人当たりＧＮＩは増加しない。二〇〇〇年から一一年の平均人口増加率は三・二％に低下したが、その理由は死亡率が増加したからだ。〇五年から一〇年の死亡率は、人口千人当たり一六・八人である。同期間のイラクは六・三人で、高所得国のアラブ首長国連邦は一・四人である（矢野［2012］五九頁、六一頁）。イラクを遙かに上回るアフガニスタンの死亡率は、あまりにも高すぎる。

治安が悪い地域では、自分と家族の命を守るのは、自分とその兄弟達である。そのため、家族の成員の増加によって、家族の安全を高めようとするため、人口増加率も高まる（金子［2011］一六八〜一七一頁）。よって、アフガニスタンのような国では、それぞれの家族が自らのために子供を増やすが、それにより貧困状態から脱することが困難となる。個々の主体が合理的に行動したにもかかわらず、社会全体としてはマイナスの影響が発生する。まさに、経済学で言うところの合成の誤謬が発生している。

次に、高所得国のリビアと、中所得国のチュニジアを検討しよう。表1と表2を比較すると、一人当たりＧＮＩが四〇〇〇ドル以上の国では、政権崩壊や、内戦等の深刻な人道危機は起こりにくいはずである。

ではなぜ、リビアではカダフィ政権が崩壊したのか。リビアの一人当たりＧＮＩが高いのは、石油収入によるものであり、輸出額の多くを石油が占める。その石油収入による富を独占していたのが、カダフィ独裁政権である。したがって、リビアの一般庶民の生活水準は、一人当たりＧ

NIの数値を、かなり下回る。

とは言え、カダフィは、もともとは社会主義的・民族主義的国家の建設を目指していた。そのため、かつては労働人口の四分の三が公的セクターに属していた。つまり、石油収入によって得た富の一部を、国民に広く再分配していた。だが、二〇〇六年に米国との関係を正常化したため、米国はリビアに対しテロ指定国家の指定を解除した。それを期にリビアは、国家統制経済から市場経済への移行を進めたため、〇九年には失業率が推定三〇％に達した（二宮［2008］三一七～三一九頁、二宮［2013］三一七～三一八頁）。そうした中、国際穀物価格が高騰した。二〇一〇年のリビアの自給率は、穀物も小麦も一割未満である。国民の三割が失業している状態で、穀物価格が高騰すれば、多くの国民は生活苦に陥る。しかも国全体では、石油による収入が充分にある。国民の不満と怒りが独裁者に向けられたのは当然であろう。

では次に、チュニジアのベンアリ政権は、なぜ崩壊したのか。これも、新自由主義の影響が背景にある。ベンアリ独裁政権は、二〇〇一年から四一公社の民営化に着手し、失業者を増加させた。〇八年秋からの世界的な大不況により、主要産業の観光業も打撃を受け、〇九年、一〇年と、経済成長率は鈍化した。一〇年の失業率は一三％に達し、その半数が若年層であった（二宮［2008］二九四～二九五頁、二宮［2013］二九三～二九四頁）。そうした中、国際穀物価格が高騰した。一〇年の小麦自給率は三割しかないため、中所得国であっても、ある程度の影響を受けたはずである。特に、血気盛んな若者の失業者達の間で、生活苦による怒りが、不当な独裁政治に対する怒りへと転化したことは、想像に難くない。

ところで、表2のアルジェリアは、一人当たりGNIがチュニジアとほとんど変わらない中所得国である。二〇一〇年の穀物と小麦の自給率は共に三割強で、この点でもチュニジアと大差ない。アルジェリアでは、二〇一三年一月に、石油天然ガスのプラントがイスラム武装勢力の襲撃を受け、日本人一〇人を含む多数の人質が死亡する惨事があった。そのため、社会全体としては安定しているとは言い難いが、ブーテフリカ大統領が一四年四月に四選を果たすなど、政権自体は安定している。アルジェリアとチュニジアの相違は、どこにあるのか。

一つの要因として、外貨準備高の相違がある。二〇一〇年の外貨準備高は、アルジェリアの一六二九億ドルに対し、チュニジアは九五億ドルしかない（矢野［2012］三五七頁）。外貨準備高は、本来は、政府が国民全体の利益のために使うものである。だが現実には、独裁国家では、独裁者やその縁故関係者、富裕層が欲する贅沢品などの輸入に用いられる。外貨準備高の金額が大きければ、独裁者は、ほんのわずかな部分を、国民のために使うことができる。それにより貧しい庶民は、生活の維持が可能になるかもしれない。だが、外貨準備高が少なければ、独裁者とその縁故関係者にとって、国民のために使う資金はない。

例えば、二〇一一年の国際小麦価格で計算してみよう。チュニジアの全国民が生きるために必要な小麦（一トンで六・七人扶養可能）を国際市場で購入すると、五・四億ドル必要である。同国外貨準備高の六％弱に相当する。もしベンアリ政権が、それだけの小麦を、いや、その半分でも、政府が輸入し、全国民に無償配給していれば、政権崩壊は免れていたはずだ。だが、国民を見下し、庶民の生活苦を理解できない独裁者にとって、自分の資産だと思い込んでいる外貨準備高を、数%も国民のために使うのは、心理的に困難である。

モロッコは低所得国だが、安定している。その理由は何か。二〇一〇年のモロッコの自給率は、穀物も小麦も約六割である。三割のチュニジアと比べればだいぶ高い。また、一次産業従事者の比率は、チュニジアの一六%に対し、モロッコは三九%である（二宮［2015］一九四頁、三一六頁）。モロッコはチュニジアよりも遥かに農民の比率が高いため、穀物価格上昇によって打撃を受ける人々の比率が低かった。

もちろん、政治体制の相違も重要である。モロッコは一九六二年以来、立憲君主制である。二〇一一年初頭から、民主化要求のデモが活発化した結果、同年七月に国民投票が行われ、国王の権限縮小などを盛り込んだ憲法改正が承認され、十一月には総選挙も行われた（二宮［2015］三一六頁）。

極貧国以外では、民主主義が機能することが、社会の安定化につながると言えそうだ。例えばヨルダンは、一人当たりGNIはチュニジアとほぼ同じだが、二〇一〇年の自給率は穀物も小麦も一割未満でチュニジアよりも悪い。だが立憲君主制のため、選挙も実施されており、民主主義が機能している。一一年初頭から国内各地でデモが発生したが、その結果、二月にリファーイ内閣が総辞職している（二宮［2013］二四五頁）。

最後に、米を主食とするイスラム教諸国マレーシア、インドネシア、バングラデシュを検討しよう。一人当たりGNI（二〇一〇年）は、マレーシア八〇八三ドル、インドネシア二六一一ドル、バングラデシュ七二〇ドルである。穀物とコメの自給率（二〇〇九年）は、それぞれ順に、マレーシアは二三％と七六％、インドネシアは九二％と一〇二％、バングラデシュは九六％と一〇三％である（矢野［2012］二六～二九頁、二一六頁）。

マレーシアは、穀物自給率が日本並みに低いが、主食のコメの自給率は七割台のため、中東・北アフリカ諸国の小麦自給率と比べると、そう悪くない。加えて、中所得国上位グループに属するため、国際穀物価格高騰の影響も小さい。

インドネシアは、一人当たりGNIの点ではシリアやエジプト並みで、低所得国中位グループに属する。同国では、二〇〇二年と〇五年には、観光地のバリ島で、イスラム過激派による爆弾テロが発生した。最近では、シリアやイラクに渡航し、過激派組織ISに加わる若者もいる。その背景には、低所得国であること、すなわち貧困がある。とは言え、二〇一一年以降に限ると、政権も社会も、以前と比べて不安定になったわけではない。その理由は、コメが主食で、コメ自給率が一〇〇％を超えているからだ。

バングラデシュは、一人当たりGNIの点では極貧国に属する。だが、インドネシアと同様に、コメが主食で、コメ自給率が一〇〇％を超えているため、二〇一一年以降に限ってみると、政権も社会も安定している。

3　結論　人道危機発生の防止方法

以上の分析により、二〇一一年以降、イスラム教諸国で発生している深刻な人道危機は、国際穀物価格、穀物自給率、一人当たりGNIの三点によって、説明可能なことが明らかとなった。二〇一〇年の名目価格で、一人当たりGNIが四〇〇〇ドルを超えると、国際穀物価格の国内価格への影響が小さくなり、政権も社会も安定しやすい。

チュニジア、エジプト、リビア、シリアのように、穀物自給率が低く、市場原理を重視した改革を進めていた国は、国際穀物価格の高騰が国内価格に反映されやすい。それは国内の貧困層の生活苦を悪化させ、社会の安定にマイナスの影響を与える。

こうした分析結果に基づけば、内戦やテロなどの深刻な人道危機を防止する方法は、明らかだ。必要なのは、国内における穀物の供給と価格の安定である。穀物価格が安定すれば、庶民の生活も安定し、社会も安定する。

まずは、適切な農業保護政策で穀物自給率を高める必要があるが、それが困難な国であっても、国内穀物価格を安定化させる方法はある。最も容易な方法は、穀物の国内備蓄である。国際穀物価格が高騰した時に、備蓄穀物を低価格で国内市場に放出すれば、国内穀物価格の高騰を阻止できる。国際価格が高止まりし続け、備蓄穀物が払底した場合は、国家が国際市場から買い付け、国内で低価格で販売すれば良い。前述のチュニジアで検討したように、国民のための穀物購入資金は、国家的視点では少額である。国家を私物化していない限り、捻出できない金額ではない。

だがこうした手法の場合、穀物を輸出禁止にする必要がある。国内価格より国際価格のほうが高ければ、国内の穀物が国外に流出してしまう。ゆえに、国家による貿易規制が必要不可欠だ。もちろん、社会主義体制にせよ、との主張ではない。国民の主食用穀物に限定して規制を加えるだけだ。

とは言え、新自由主義者は、猛反対するだろう。なぜなら、米国が発生源となって世界に流布されている新自由主義思想は、国家による全ての規制を撤廃すべきとするイデオロギーだからだ。我々は、まずは愚かな新自由主義思想を克服し、スマート・ガバメント（賢い政府）の役割の強化を推進しなければならない。

これに加えて、一人当たりGNIを引き上げる必要がある。低所得は、様々な問題を引き起こし、社会を不安定化させるからだ。

過激派組織ISには、一時期、周辺諸国などから、多くの若者達が集まった。その理由は、二〇一五年十二月まで、シリア人は月給四〇〇ドル、非シリア人は月給八〇〇ドルで、戦闘員を募集していたからである。なお二〇一六年一月からは、米軍による石油施設の空爆により財政難に陥り、月給を半額に削減した（AFP BB News［2016］）。月給八〇〇ドルを年収に直すと、約一万ドルである。しかも、その報酬の一部で、ヤジド教徒の少女を奴隷市場で購入し、結婚を強制することができる。一人当たりＧＮＩが二〇〇〇ドル台前後の国で、就職難や結婚難に苦しんでいる若者達にとって、ＩＳは実に魅力的に見えたであろう。

ボコ・ハラム等による女性への攻撃は、近世欧州で多発した魔女狩りと、本質的には同じである。近世魔女狩りの背景には、寒冷化による農産物の不作と、それによる民衆の生活苦があった。欧州の民衆は、天候魔女が冷夏をもたらしたと考え、多くの女性を魔女に仕立て上げて処刑した。そのようにして、生活苦による精神的ストレスを緩和したのである（安田［2004b］一五二〜一六三頁）。ボコ・ハラム等の蛮行も、自分よりも弱い女性や子供を迫害することで、貧困による精神的ストレスを解消しているだけである。

こうした極悪非道の犯罪組織は撲滅しなければならないが、一人当たりＧＮＩを引き上げて貧困問題を解決しない限り、同様の犯罪組織が次々に誕生して跋扈し続けることになる。

一人当たりＧＮＩの引き上げは、目標が四〇〇〇ドルならば、実は、多くの国にとって、困難ではない。近年、「中進国（中所得国）の罠（middle income trap）」という用語がある。途上国が、一人当たりＧＮＩ四〇〇〇ドル以上の中進国へと成長するのは比較的容易だが、それ以降は経済成長が鈍化し、中進国状態で足踏みし、先進国に移行できない状態を現した用語である。つまり、先進国に成長するのは困難だが、中進国になるのは困難ではない。

例えば、中高年の日本人のイメージでは、タイ王国は、農業を中心とした途上国である。だがそれは、三〇年前の姿である。二〇一〇年の一人当たりＧＮＩは、四四一四ドルである。製造業の生産額は、農林水産業生産額の約三倍もある（矢野［2012］二六〜二七頁、一四三頁）。タイは既に中進国で工業国である。

二十世紀後半以降、日本を含めた先進国は、多額のＯＤＡ（政府開発援助）や、世界銀行やアジア開発銀行を通じた多額の融資により、途上国の経済成長のために、多大な貢献をしてきた。タイは、そうした国際的な支援をうまく利用し、中進国に成長した一例である。ＯＤＡにも世銀の融資にも、細部を見れば問題点も多いが、マクロ的長期的視点では、概ね成功と言える。

二〇一〇年のシリアやエジプトは、一人当たりＧＮＩが二〇〇〇ドル台後半だったため、中進国への移行は、もうあと一息だった。

現在、イスラム教諸国では、深刻な人道危機が発生している。凄惨なテロを映像で見せつけられ、悲観的な分析を耳にすれば、我々は絶望に打ちのめされる。だが、冷静に経済学的な分析を行えば、二十一世紀の世界は、絶望の世紀ではない。希望を充分に持てる時代なのである。

初出　「グローバル資本主義と人道危機国家」『比較文明』（比較文明学会）第三十一号、二〇一五年十一月。

※若干の加筆修正を加えた。

注

(1) 金子[2011](一八八〜一八九頁)では、当時最新のFAOSTATを用いて、〇八年のイエメンとシリアの穀物自給率を計算したが、現在の最新の統計を用いて再計算すると、穀物自給率は、イエメンは二一%で、シリアは五四%、小麦自給率は、イエメン八%である。シリアは、小麦生産量が〇七年の四〇四万トンから〇八年には二一四万トンに半減したが、一三万トンの小麦(小麦粉等含む)の純輸出があった(自給率は一〇六%)。

(2) 本稿を執筆した二〇一五年七月時点では、各危険度は別の呼称だったが、現在の呼称のほうが理解しやすいため、現在の呼称に変更した。

(3) シリアは、二〇〇一年に穀物生産量が六九二万トン(穀物自給率九四%)とピークに達した後、生産量は減少に転じ、〇八年は二六八万トン、〇九年四七四万トン、一〇年三九〇万トンと、生産量が安定しない(FAOSTAT)。シリアは、生産量が減少すると輸入量が増加するが、穀物の年間国内供給量も増減が激しく、判断が難しい。

(4) イラクの一人当たりGNIは、別のデータによると、二〇一〇年が二三四〇ドルで、一二年が六一三〇ドルである(二宮[2013]一九頁、二宮[2015]一九頁)。

第三章　危機の時代二十一世紀と日本文明

1　問題の所在　危機の時代二十一世紀

二十一世紀を生きる我々は、多くの危機に直面している。しかも、それらの危機は今後、深刻化することが予想される。それらの危機を考察する際には、大状況（世界の状況）、中状況（日本を取り巻く状況）、小状況（日本の状況）の三種類に区分すべきである。

大状況における危機は、①気候変動、②人口問題、③食糧問題、④エネルギー問題の四つである。①〜④は互いに連関している。例えば、現在の中東地域の混乱は、国際穀物価格の高騰が背景にある（大状況③）。国際小麦価格（一トン当たり）は、一九八〇年代後半から二〇〇〇年代前半までの二〇年間は、五カ年平均価格が一五〇ドル台から一六〇ドル台を推移する小麦低価格時代であった。だが、二〇〇一〜〇五年（年平均）が一六一ドルだったのに対し、〇六〜一〇年は二六九ドルに、さらに二〇一一年には三四七ドルへ、高騰した。その後、二〇一四年中頃まで、月間価格は三〇〇ドル前後を推移した。中東諸国は穀物自給率が低い国が多く、内戦が続くリビアとイエメンの小麦自給率（二〇一〇年）は、それぞれ六％と九％である（本書第二章参照）。ゆえに、国際価格の高騰は、国内価格の高騰に直結し、多くの国民が生存の危機に陥る。いわゆる「アラブの春」において、多くの民衆が独裁政権に対し立ち上がったのは、自分や自分の家族が餓死の危機に直面していたからである（金子［2011］第七章も参照）。もちろん、独裁政権が打倒されて民主化しても、再分配するだけの財政的なゆとりが国家になく、国際穀物価格が高止まりし続ければ、国民の生活苦は変わらない。中東諸国で混乱が終息しないのは、こうした理由による。

穀物価格高騰の背景にあるのが、気候変動による穀倉地帯での不作（大状況①）や、世界的人口増加（大状況②）などによる需給の逼迫である。加えて、国際石油価格の上昇（大状況④）も、国際穀物価格の上昇を引き起こす。なぜなら、米国・カナダ・オーストラリアなどの穀物主要輸出国では、大型農業機械の使用によって石油を大量消費しながら穀物を生産しているからである（金子［2008］第二章）。

中状況の危機は、①米国一極覇権の衰退、②中国の輸入大国化、③中国の海洋進出である。米国の覇権は今、揺らいでいる。なぜなら、欧州ではロシアが、中東・西アジアではイスラム原理主義やイスラム教シーア派が、東アジア・東南アジアでは中国が、米国の覇権に挑戦しているからである。世界の自由貿易体制は米国が支えてきたため、米国の国力低下と共に、自由貿易も衰退する。米国の国力低下の一因は、白人層の少子高齢化である。二〇二〇年代中頃には、米国の青少年層の過半数が非白人となる。それにより今後の米国では、国内問題が深刻化・複雑化するため、米国の世論は内向き志向が強くなり、覇権への意欲も能力も低下する（伊藤［2012］一五八～一五九、二二四～二三〇頁）。

中国は既に大豆と石油の世界的輸入大国と化しており、食糧とエネルギーの国際価格高騰の一因となっている。二〇一一年における全世界の輸入量に占める中国の比率と順位は、大豆は六〇％を占め圧倒的な世界第一位で、石油は一一％を占めて世界第二位の輸入国である（二宮編［2015］五八、八四頁）。中国は近年、東シナ海や南シナ海で、国際法を無視した海洋進出を強行しているが、その背景には、食糧・エネルギー問題がある（金子［2011］一二二～一三四頁）。つまり、中状況②③は、大状況①～④と連関している。

小状況の危機は、①食糧・エネルギー・国防の米国依存体制と、②日本弱体化（格差拡大による貧困増加、少子化、高齢化、大衆増税等による不況など）、である。

大状況①～④は、歴史上、何度も発生した。過去の日本文明は、如何に乗り越えたのか。それを学べば、中状況・小状況への対応方法も定まる。

そこでまず第二節では、世界中で人民大量死をもたらした深刻な気候変動、すなわち古墳寒冷期の危機と、十四世紀の危機に対し、当時の日本文明がどのように対応したのか、あるいは対応できなかったのか、について検討する。そして第三節では、過去の経験を参考にし、日本文明が危機の時代二十一世紀を生き抜くための戦略について考察する。

2 過去の気候変動・食糧危機と日本文明

日本文明は、これまでに何度も気候変動や食糧危機を経験している。その中から、学ぶべき事例の一つに、古墳寒冷期の危機がある。一方、反面教師として学ぶべき、すなわち対応に失敗した事例に、十四世紀の危機がある。

最初に、古墳寒冷期の危機について検討しよう。地球の気候は、自然現象として、温暖化と寒冷化を繰り返す。二世紀以降、全世界的に寒冷化が進行し、六世紀頃まで続いた。この寒冷期の中でも、西暦一八〇年頃、二九〇年頃、それに四〇〇年頃に、ピークとなる顕著な気候寒冷化が存在した（安田［2004b］一三〇頁、安田［2009］二六四〜二六五頁）。寒冷化によって世界的に冷害となり、穀物生産が減少、世界各地で食糧危機が発生した。

まずは、外国の状況について、簡潔に述べよう。二世紀後半は、中国では後漢後期である。後漢が最後に全国の戸籍を作成したのは、西暦一五七年である。この時の戸籍人口は五六〇〇万人で、当時の中国の農地と農業技術で養うことができる人口の限界に達していた。そうした時に気候変動に直面し、寒冷化により食糧生産量が減少した。人民は慢性的な栄養失調状態となり、病気への抵抗力が低下したため、疫病が蔓延した。張角が率いる太平道は、呪術によって病人を治療したため多くの信者を集め、一八四年に後漢打倒を目指して蜂起した。これが黄巾の乱である。この反乱は鎮圧されたものの、その後の中国では、激しい戦乱と食糧不足により、人民大量死が発生した。わずか二〇～三〇年ほどの間に、中国の人口は十分の一にまで減少した。まさに人口崩壊である。中国の内戦では、古来より、敵の正規軍との戦闘を避け、敵軍支配下の人民を虐殺する戦術が用いられる。なぜなら、支配下の人口が減少すれば、敵軍が徴収できる食糧、武器、その他の軍需物資、さらには兵力や労働力までもが減少する。よって、敵軍支配下の人民虐殺こそが、孫子の兵法でも主張されている敵軍弱体化のための最も合理的な戦術である。こうした戦術が多用されたために、人口崩壊が発生した。その後、三国鼎立時代となって社会が安定し、人口増加に転じたが、三国時代の二六〇～二八〇年頃の人口は、三国合計で七六〇万人である（金子［2011］一四～一五、一八五～一八六頁）。このように当時の中国では、①気候変動、②人口問題、③食糧問題の三つの危機に同時に直面した結果、この危機を乗り越えることができずに、人口崩壊現象が発生した。

次に、欧州の状況を簡潔に述べよう。当時の欧州は、ローマ帝国の時代である。二世紀後半以降、アントニヌスの疫病（一六五～一八〇年）やキプリアヌスの疫病（二五一～二六六年）など、疫病がたびたび流行し、ローマ帝国は衰退過程に入る。もちろん疫病流行の背景は、上記の後漢と同様に、寒冷化による食糧不足と、それによる人民の慢性的栄養失調状態である（安田［1995］一〇一～一〇六頁）。

そうした中、軍人皇帝時代（二三五～二八四年）が到来し、混乱と衰退に拍車がかかった。半世紀間に二六人の皇帝が乱立し、内戦状態となった。この背景にも、寒冷化がある。セウェルス・アレクサンダー皇帝（在位二二二～二三五年）は、財政悪化のため、倹約に次ぐ倹約を続けていたが、そうした中、東部戦線ではササン朝ペルシアがメソポタミアに侵攻し、北部戦線ではゲルマン人がライン川とドナウ川の国境を突破して侵入した。二正面作戦を強いられる厳しい状況下で、同皇帝は、兵士給与の切り下げを断行した。兵士達の不満は爆発し、同皇帝は部下によって殺害された。その後、各地の軍団によって皇帝が次々に擁立され、軍人皇帝時代に突入した（弓削［1989a］三七四～三七八頁）。

ローマ帝国の財政悪化の主因は、帝国の歳入の大部分が、農業課税による税収だったため、寒冷化の影響を受けやすかったからである。ローマ帝国の平均的な都市の主産業は農業であり、大部分の市民は農民で、都市参事会員（首都ローマの元老院議員に相当）などの有力者は地主であった。ローマ元老院議員は、イタリア諸都市の参事会員の上層から欠員の補充を行っていた（弓削［1989b］五七～五九、八七頁）。

もともとローマでは、武具を自弁する自作農が兵士として軍役に就き、ローマ軍の中核を担う重装歩兵軍団として活躍していた。そうした軍団の司令官には、執政官や元老院議員が、元老院によって任命され、任務終了と共に指揮権は返上された（長谷川・樋脇［2004］一〇四〜一〇五、一三九〜一四一頁）。よって、自作農が忠誠を誓う対象は司令官ではなく、ローマであった。だがその後、没落して農地を喪失する農民が増加したため、マリウス（前一五七年〜前八六年）の兵制改革により、無産市民の志願兵に武器を与えて軍団を編成する職業軍人制が導入された。こうした軍団の兵士達は、自分達により良い恩恵を与えてくれる司令官に忠義を尽くすようになった（長谷川・樋脇［2004］一〇五頁）。これ以降、自作農によって構成される愛国心を持つ軍団と、元老院議員でもある司令官個人に忠義を尽くす私兵化した軍団とが、併存することとなった[1]。

二世紀以降の寒冷化は穀物の不作をもたらし、自作農の農家経営を、赤字経営に転落させた。赤字経営となった自作農達は、農地を担保に借金をした。不作は寒冷化の進行によるため、連年不作が続く。そのため、担保の農地を喪失し、小作農へと転落する者が増加した。ローマ帝国では、小作農が激増する一方、寄生地主が成長し、格差社会化が進行した。その結果、愛国心を持つ自作農軍団は減少し、個人的利益を追求する私兵化軍団が増加した。元老院議員と軍団司令官を務める大地主達は、国益を無視し、私兵を使い権力闘争に明け暮れるようになった。政治が、富裕層による私利私欲の追求手段となったため、社会が荒廃した。自作農も小作農も、寒冷化による不作で貧窮化したため少子化が進行し、人口が減少した。

ローマ帝国の人口がピークに達したのは一六四年頃で、首都ローマは一〇〇万人、イタリア全体で七六〇万人、帝国全体では六一三〇万人であった。だが、一六五年に天然痘の大流行により人口の一割が失われた。その後は、帝国各地域によって人口の増減が異なるが、ある研究によると、帝国西部のガリア（現在のフランス）では、女性一人当たりの平均出産数が、一世紀の一・五九人から三世紀半ばには一・二四人に減少している。ちなみに現在の先進国では、平均出産数が二・〇八人ないと、人口減少に陥る。当時は乳幼児死亡率が高かったため、五人以上生まないと、人口を維持できなかったと推測されている。そのため、帝国西部は深刻な人口減少に陥っていたはずである。もっとも、帝国東部のシリアや、北アフリカのエジプトでは、四〜六世紀まで人口は緩やかな増加傾向にあった（長谷川・樋脇［2004］一七七、一九四、二〇〇〜二〇八、二四五〜二四六頁）。

また、庶民層の間では、経済的理由による新生児遺棄も多かった。運良く拾われた赤ん坊は、その後、奴隷として育てられた。一〜三世紀頃の帝国の奴隷人口は七八〇万人から一〇八〇万人と推定されるが、その半分に相当する三九〇万人から五四〇万人ほどは、そうした捨て子出身の奴隷であった（長谷川・樋脇［2004］二五二頁）。

人口が減少すれば、国力も防衛力も低下する。ローマ帝国の兵士の総数は、四世紀初めの六〇万人から、五世紀には二〇万人へと激減した（安田［2009］二六五〜二七〇頁）。五世紀に入ると、古墳寒冷期の極期と呼ばれる著しい気候悪化に直面、民族移動が激化した（安田［2009］二六四〜二六五頁）。ゲルマン人が南方のローマ帝国領に侵入したのは、寒冷化により欧州北部の食糧生産量が激減したためである。彼らは、生きるために南方への移住を目指した。衰退するローマ帝国は、三九五年に東西に分裂した。四一〇年には、ローマ市がゴート族の王アラリックに占領・略奪された。そして、四七六年に西ローマ帝国は、ゲルマン人の西ローマ帝国傭兵隊長オドアケルにより滅ぼされた（南川［2013］など）。

よってローマ帝国は、気候変動が一因となって自作農の没落が増加し、それによる格差拡大で少子化が進行し弱体化、寒冷化の進行の中で西ローマ帝国は滅亡した。

続いて、日本の状況を検討しよう。二世紀から六世紀にかけての寒冷期は、日本では大量の古墳が建設された時代であったため、古墳寒冷期と呼ばれる（安田［2004b］一七五頁）。

この寒冷期の最初のピークである一八〇年頃、すなわち中国で黄巾の乱が発生し、人民が大量死していた頃、『後漢書』「東夷伝」によると、日本は「倭国大乱」の時代であった。つまり、日本も戦乱を経験していた。その後、戦乱は終息し、邪馬台国の女王卑弥呼が登場するが、この時期は、寒冷期の中の一時的な小温暖期であった（安田［2004b］一三一～一三五頁）。

では、二回目の寒冷化のピークである二九〇年頃の危機的状況を、日本はどのように乗り越えたのか。それこそが、古墳建設である。

経済学的視点では、古墳建設とは公共事業であるため、富の再分配機能がある。この当時、再分配したのは食糧である。余剰食糧のある地域からは、食糧を中心に徴税し、食糧が欠乏している地域、すなわち食糧の量より人間が多い余剰労働力のある地域からは、労役を中心に徴税する。食糧欠乏地域から動員した労働者に、食糧余剰地域から徴税した食糧を与えて、古墳を建設させる。それにより、第一に、食糧欠乏地域での飢饉を防止した。第二に、食糧をめぐる戦乱を防止した。もしこうした再分配システムがなければ、食糧欠乏地域の人民は、座して死を待つのではなく、武器を手に取り、食糧余剰地域を侵略したであろう。もちろん食糧余剰地域の人民も武器を手に取り自衛する。その結果、中国大陸と同様の激しい戦乱が発生したであろう。

古墳建設は、宗教的には、亡くなった首長（大王や豪族）が国（地域共同体）の守り神となり、自然災害などの災厄を回避し、人民に繁栄をもたらす、という首長霊信仰に基づく（広瀬[2010]三一～五二頁）。ゆえに人民は、労役で直接古墳建設に参加した者も、食糧の納税により間接的に参加した者も、幸福を感じたはずだ。つまり、古墳建設の労役も納税も苦痛ではなく、人民は嬉々として行ったと推測される。もし労役や納税が苦痛であったならば、各地で反乱が発生したはずだ。現代人の利己主義的な感覚では、余剰食糧を徴税された地域の人民は、自分達が額に汗して生産した食糧が、別地域の人々に再分配されるのは、おもしろくないはずだ。現代人ならば、再分配に反対して反乱を起こしたいと考える者もいるだろう。

考古学的な見地によると、弥生時代は、戦死人骨や環濠集落、高地性集落など、戦乱の痕跡が散見される。弥生時代は、敵の攻撃によって村人達が殺される戦乱の時代であった。だからこそ、村の周囲に環濠を構築し、村人達を守る必要があった。それに対し古墳時代は、そうした戦乱の痕跡が皆無である。日本国内では、侵略も反乱も戦乱もない平和な時代であった。古墳建設は、経済学的には食糧再分配により飢饉や戦乱を防止するシステムである。同時に、現代的感覚では、余剰食糧を徴税されて不満が募るはずの人々に対して、宗教的な信仰心の喚起により幸福感を与えるシステムでもあった。

ところで、基本的なことだが、前方後円墳の登場をもって古墳時代が始まり、ヤマト政権の誕生とされる。前方後円墳が建設された地域が、ヤマト政権の勢力圏である。三世紀の中頃から末頃にかけて、最初の前方後円墳が建設された。[2]すなわち、ヤマト政権が誕生した。前方後円墳は九州から東北地方に至る地域で建設された。よって、ヤマト政権が全国を統一した。前述のように、戦乱の痕跡が考古学的に発見されていないため、全国統一は平和的に行われた。なお、ヤマト政権の首長である大王が、中国大陸の皇帝に対抗するために、称号を天皇に変更したのは、古墳時代の終わり頃、七世紀後半である。

近年の考古学的研究によると、古墳時代に移行する少し前、弥生時代後半の二世紀後半から三世紀初頭にかけて、日本列島各地の拠点的集落の多くで、集落を守っていた環濠が、一斉に廃絶される。それとほぼ同時に、各地で大型墳丘墓が出現する。それらの弥生墳墓の特徴は各地域によって異なるが、吉備や山陰地方などでは、それぞれ相当広い範囲の首長達が、共通の葬送儀礼を執行した（白石［1999］一二四〜一三五頁）。つまり、各地域内で再分配が行われるようになったため、倭国大乱と呼ばれた戦乱が一掃された。

寒冷期の最初のピークである一八〇年頃の危機に対し、日本人は倭国大乱という戦乱を経験した後、争い奪い合うことの不毛さに気づいた。そこで、各地域内で連帯し、公共事業による再分配によって、戦乱を回避する手法を見い出した。

その後、三世紀中頃から末頃にかけて、弥生墳墓の諸要素を統合した巨大前方後円墳が登場する。墳形は吉備、讃岐、播磨、大和等の諸地域の要素を持ち、墳丘を飾る葺石や副葬品なども西日本各地のものから構成される（広瀬［2010］六七～六九頁）。前方後円墳は、墳丘も副葬品の内容も、全国的に画一的であり、弥生墳墓のような地域性は存在しない。吉備の浦間茶臼古墳が大和の箸墓古墳のちょうど二分の一の大きさであることなどから、共通の建設規格が存在したことが明らかである（白石［1999］三六～四一頁）。つまり前方後円墳は、西日本各地の首長達が協力して、合同で建設したものである。

加えて、東日本でも、西日本ほど多くはないが、三世紀中頃から後半にかけて、前方後円墳が建設された。よって、前方後円墳は、ほぼ同時期に、日本全国で同時多発的に建設された。しかも、弥生墳墓の伝統のない茨城県や栃木県などの地域でも、前方後円墳が建設された。水田稲作が開始されてから前方後円墳が建設されるまでの期間は、北部九州では一二〇〇年近く、近畿では八〇〇年ほど経っているが、南関東では三〇〇～四〇〇年ほどしか経っていない（広瀬［2010］一二二～一二四頁）。

トマス・ロバート・マルサスの『人口論』（一七九八年刊）の有名な法則によれば、人口の増加速度は、食糧の増産速度よりも速い。したがって、水田稲作が開始されて一二〇〇年近く経っている北部九州は、過剰人口となって食糧不足に陥っていたはずだ。一方、三〇〇～四〇〇年ほどしか経っていない南関東は、まだまだ過剰人口となっておらず、余剰食糧があったと推測される。

こうした視点に基づけば、ヤマト政権は、西日本を中心としつつも、最初から東西日本を統合し、全日本人の連帯による全国的な再分配によって、寒冷化による食糧危機を克服することを目的に設立されたものである。ヤマト政権の中心地が大和南部に置かれたのは、同地域が、東西日本を結ぶ陸路の結節点であったからである。

ヤマト政権は、とりわけ河内地方などで、大規模な治水工事を行った。巨大古墳の被葬者達は、治水王としての性格を持っていた（森［2000］二二六～二四一頁）。ゆえにヤマト政権は、前方後円墳の建設を日本各地に広めることによって、高度な土木技術を、日本各地の後進地域の豪族に伝授したと推測される。その土木技術により、日本各地で水利事業が推進されて水田面積が拡大し、食糧が増産された。ヤマト政権は、増産によって生じた日本各地の余剰食糧と、食糧需給が逼迫していた地域の余剰労働力の両者を畿内に集め、巨大古墳を建設した。日本全体で食糧の再分配を行うことにより、寒冷化による食糧危機を、戦乱も飢饉も発生させずに回避した。我々の先人達は、古墳建設によって、平和建設をしたのである。

中国大陸でも、欧州大陸でも、この時期の寒冷化によって人民大量死が発生し、人口が減少した。だが日本では、逆に人口が増加した。なぜなら、古墳建設による食糧の再分配によって人口崩壊を回避するのと同時に、古墳建設技術を通じて全国に普及した高度な土木技術によって、水田面積が拡大したためである。具体的には、日本の人口（推計値）は、西暦二〇〇年頃の五九万人から、七二五年には四五一万人へと増加した（鬼頭［2000］一六～一七頁）。

我々がこの事例から学ぶべき点は、全日本人による連帯と、再分配である。もし、食糧余剰地域と食糧欠乏地域が、すなわち、持つ者と持たざる者が連帯できなければ、再分配は不可能である。

ここで、全日本人の連帯を象徴するエピソードを挙げよう。仁徳天皇の君民一体伝説である。『古事記』（七一二年）や『日本書紀』（七二〇年）によると、ある日、仁徳天皇が高台に登って見渡すと、家々から、かまどの煙が立ち昇っていなかった。その理由を、農民達が貧しいため、コメを炊くことができないのだと考えた。そこで、三年間に渡り、全ての税や労役を免除することにした。三年後、再び高台に登ってみると、多くの家々から、かまどの煙が立ち昇っていた。それを見た仁徳天皇は、「朕、既に富めり」と皇后に言ったところ、反論された。宮殿の垣は崩れ、屋根は雨漏りしているのに、いったいどこが富んでいるのか、と。それに対し仁徳天皇は、天が君主をたてるのは人民のためであり、古代の聖王は、人民が一人でも飢えて、寒さに凍えていたならば、自分を責めたものだ、と語った後、「百姓（おほみたから）貧しきは、朕が貧しきなり。百姓富めるは、朕が富めるなり」と続けた。なお「おほみたから」の訓は、「百姓」「人民」「万民」「庶民」などの文字に与えられているが、その本来の意味や語源については諸説あるものの、主要な説では、「大御（＝天皇）の宝」である。古代の日本の為政者は、人民を宝と呼んでいたのである。さて、仁徳天皇の家臣達は、農民達の生活が豊かになったことと、朝廷の財政窮乏を理由に、徴税の再開を促した。だが仁徳天皇は、さらに三年間、免税期間を延長した。免税開始から六年後、仁徳天皇は、ようやく徴税の再開を認めた。すると、農民達は自主的に、老いも若きも、木材などを持ち寄り、宮殿の修復を始めた（新訂古事記［1977］三一八～三一九頁、日本書紀・上［1967］三九〇～三九二頁、日本書紀・下［1965］五三九～五四〇頁）。

もちろん、仁徳天皇のこのエピソードは、フィクションであろう。なぜなら、仁徳天皇陵は、日本最大にして、世界最大面積の墓である。つまり仁徳天皇は、世界最大級の再分配を行った君主である。徴税を停止すれば、再分配もできなくなる。よって仁徳天皇の時代は、ゆとりのある地域から大量の食糧を徴税していたはずである。

古今東西を問わず、英雄伝説というものは、多くの王達のエピソードが、一人の王に集約されて成立するものである。おそらく上記のエピソードも、食糧需給逼迫時代の天皇の減税政策が、仁徳天皇に付け替えられ、誇大に記されたものであろう。ちなみに免税期間は、古事記では三年だが、日本書紀では六年に伸びている。

だがここで重要な点は、客観的事実か否かではない。なぜフィクションを、勅撰正史に盛り込んだのか、という点である。それは、それだけ重要な公式見解だからである。つまり、君主は人民のために存在し、人民の飢えは君主の責任である。今後の天皇、皇族、役人らは、仁徳天皇を見習って人民と苦楽を共にせよ、人民を宝と思って大切にせよ、ということを、朝廷の公式見解として強調した、と理解すべきである。このような君民一体、すなわち君主と人民の連帯の思想は、その後、長年に渡り多くの日本の為政者に信奉され、仁徳天皇が理想の為政者だとされ続けた点が重要である。

では次に、なぜ天皇は、自分は人民のために存在すると考え、人民の飢えを自分の責任と見なし、人民と一体感を持つのか。それは、文化人類学的には、天皇が祭司王だからである。

祭司王（priestking）とは、共同体の代表であると同時に一員である。神の血を引いており、それゆえに、神通力を持つ。その神通力を用いて神々に働きかけ、農産物の豊作をもたらし、天災を回避し、共同体の繁栄を実現する。つまり、祭司王の存在意義は、共同体の繁栄にある。よって、不作や天災が発生した場合は、祭司王の神通力が衰えたためだと判断され、祭司王の責任が問われる。そうした場合、世界各地では「王殺し」が行われ、神通力の再生が図られる（フレイザー［1936］）。

周知のように、天皇は神の子孫とされ、神の血を引くがゆえに、神通力を持つ。天皇は祈願により神々に働きかけ、天候を安定させて豊作をもたらし、天災を回避する。仁徳天皇は、自らが祭司王であることを自覚していたがゆえに、人民の生活苦を自分の責任と捉えた。日本初の勅撰歴史書である日本書紀において、仁徳天皇の君民一体・免税清貧伝説が記されたのは、天皇が日本民族共同体の祭司王であることを表明するためである。

古墳建設は、六四六年に薄葬令が朝廷から公布されて国家的制限が加えられ、一部の地域を例外として、七世紀後半に終焉を迎える。経済史的視点では、古墳時代の終焉とは、人口増加により日本全体で食糧需給が逼迫し、再分配する食糧がなくなったことを意味する。

そうした時代を、先人達は、如何に克服したのか。中間搾取の排除である。天皇が、日本民族全体の祭司王になることによって、各地の豪族による中間搾取を排除し、人民の生活苦の緩和に取り組んだ。その象徴的な儀式が、大嘗祭（だいじょうさい）(3)である。

大嘗祭（だいじょうさい）とは、天皇が皇位に就任する時に行う宗教儀式である。天武天皇に始まり、次の持統天皇が持統五年（六九一年）十一月に執り行い確立した（日本書紀・下 [1965] 四一四、五一二頁、高森 [1990] 一〇五～一一八頁）。それ以前、毎年行う収穫感謝祭である新嘗祭（にいなめさい）では、皇室直属の水田で収穫されたコメを、天皇の先祖の神である皇祖神に捧げていた（高森 [1990] 一〇八頁）。よって新嘗祭は、皇祖神、天皇、大和地域の人民の三者による「神人共食」の儀式であり、天皇は大和地域の祭司王を意味した。ちなみに神人共食とは、文化人類学の用語で、神に飲食を捧げる宗教儀式のことである。その目的は、神と人とが共に食事をすることで、神と人間の絆を深めることにある。つまり七世紀末になるまで、宗教的には、天皇はあくまで一地域の祭司王で、それぞれの地域では、各地の豪族が地域共同体の祭司王を勤めていた。天皇と各豪族は、婚姻関係などを通じて連合政権を構築していた。

だが大嘗祭では、公地公民制の下で、公民の水田で収穫されたコメを、皇祖神に捧げた（高森 [1990] 一〇九～一一一頁）。持統天皇の大嘗祭では、播磨と因幡の公民の水田で収穫されたコメが捧げられた。そして、播磨と因幡の役人に加え、農民の男女が招かれ、饗応にあずかった。播磨は現・兵庫県西南部で、瀬戸内文化圏である。因幡は現・鳥取県東部で、山陰文化圏である。大和、つまり畿内の神とは異なる神を信仰していた地域の農民達である。これ以降の大嘗祭でも、捧げられるコメは、必ず畿内以外の地域から選ばれた（高森［1990］一一一頁）。よって大嘗祭とは、皇祖神、天皇、日本各地の人民の三者が、神人共食を行うことによって、一つの共同体を構築する儀式である。日本中の人民を、直接、天皇と皇祖神に結びつけることによって、各地域の豪族による中間搾取を排除しようとしたのである。七世紀後半に推進された公地公民制の目的は、経済史的視点では、豪族による中間搾取の一掃にある。

仁徳天皇の君民一体・免税清貧伝説は、日本全体で食糧需給が逼迫したこの当時に創られたものであろう。

以上より、古墳時代の終焉期から我々が学ぶべき点は、清貧、減税、連帯の強化、中間搾取の排除である。

よって、過去の日本人による食糧危機克服方法は、下記のようにまとめることができる。

弥生時代後期は、各地域内での連帯と再分配である。古墳時代前期は、日本人全体による連帯と再分配である。古墳時代中期は、再分配の強化である。

ところで、連帯や再分配は、外来語である。では、日本古来の言葉で表現すると、これらは何という言葉になるのか。連帯とは、絆である。再分配とは、分かちあいである。

古墳時代終焉期の中間搾取の排除や清貧・減税も、絆と分かちあいの強化を意味する。大嘗祭では、日本全体で足りなくなってきたコメを一緒に食し、天皇と民は絆を強めた。仁徳天皇のエピソードでは、生活苦を天皇と民が分かちあい、乗り越えた。したがって、弥生式墳丘墓から大嘗祭や『日本書紀』まで、絆と分かちあいにより危機を乗り越えるという同一の基本思想である。食糧危機克服のための、日本人の基本思想は、絆と分かちあいである。

続いて、十四世紀の危機について、簡単に述べよう。十四世紀に入ると、中世温暖期が終了し、全世界的に急速に寒冷化した。欧州では、百年で四度近く低下した。世界的に食糧生産性が低下、人民の多くが慢性的栄養失調状態となり、体力や免疫力が低下している時にペストが大流行し、ユーラシア大陸各地で人民が大量死した。ペストにより欧州では人口の三分の一が死亡した（安田［2004a］二七五、二七八～二八二頁）。中国では、疫病、飢饉、内戦により人口が半減した（金子［2011］四七頁）。

一方日本でも、寒冷化による食糧危機に対応できず、鎌倉幕府が一三三三年に滅亡、後醍醐天皇による建武政権も短期間で崩壊した。足利尊氏が一三三六年に室町幕府を樹立するものの社会を安定させることができず、南北朝動乱による混乱が続いた。足利義満がようやく南北朝を合一し社会を安定させたのは一三九二年であった。つまり、この時の日本は、諸外国と同様に、十四世紀の危機に対応できなかった。

その理由は、鎌倉・室町時代が地方分権社会だったため、全国的な連帯や再分配が困難だったからである。

よって、この事例から反面教師として学ぶべき点は、世界的な危機に際しては、過度の地方分権化は、混乱を招くだけだ、という点である。

近年の日本では、地方分権に加え、新自由主義の影響により、政府による規制の撤廃・緩和や財政支出削減などによる「小さな政府」路線を主張する政治家や言論人が少なくない。だが、上記の過去の事例からは、危機の時代に必要なものこそ、強力な中央政府と、全国的な連帯と再分配である。危機の時代において、中央政府を弱体化させる新自由主義的改革は、室町時代の南北朝動乱期のように日本を混乱させ、弱体化させるだけである。

3　結論　日本文明は危機の時代をどう生き抜くか

第一節で指摘したように、大状況から、今後は世界的に、人口増加などにより、食糧とエネルギーの需給が逼迫する。中状況から、米国の国力低下などにより、世界の自由貿易体制は衰退する。加えて、日本周辺のシーレーン（海上輸送路）は、中国の海洋進出によって寸断される可能性がある。

よって今後は、現在のように、資源や商品を世界中から自由かつ安全に大量輸入する地球規模の自由貿易体制は、困難にならざるを得ない。大状況と中状況から導き出される日本の近未来は、好むと好まざるとに関わらず、鎖国ないしは準鎖国的な経済体制である。準鎖国的経済体制とは、穀物やエネルギーなど、日本国民の生存に必要不可欠なものは原則自給化し、それ以外の商品は、輸入可能な間は輸入し続ける体制である。

ゆえに、今後の日本は、小状況の問題点である米国依存から脱却し、穀物とエネルギーを自給化し、自主国防体制を構築した上で、過去の経験から学んだ国造りを進めて、二十一世紀の危機を生き抜かねばならない。その国造りは、前述のように、全日本人の連帯と再分配、減税（大衆軽税政策）と清貧（穀物やエネルギーなどの必需資源の平等分配）が基本に据えられるべきである（具体的な政策については、金子［2011］一〇六～一一三頁、一六三～一八一頁、第七章、本書第四章、第六章などを参照）。そうしない限り、倭国大乱時代や、室町時代の南北朝動乱期のように、日本人同士で争い殺し合う、しかも昨日までの味方が今日の敵となるような、不毛で過酷な混乱期を迎えるであろう。

だが、現在（二〇一五年）の安倍晋三政権の戦略は、本章が主張する路線とは異なる。そこで、以下に置いて、安倍政権の戦略を、簡潔に分析してみよう。

安倍政権の問題点は、第一に、全世界的な問題である大状況の危機、すなわち①気候変動、②人口問題、③食糧問題、④エネルギー問題の四点を、軽視している点である。

二十一世紀の気候変動は、十四世紀の危機に匹敵する可能性もある。前述のように、十四世紀には世界各地で人民大量死が発生した。人口問題については、現在、世界の人口は七二億人（二

○一四年）だが、二〇二〇年代に八〇億人を突破するのは、それまでに人民大量死が発生しない限り、確実である。食糧問題については、ＷＦＰ（国連世界食糧計画）によると、飢餓人口（栄養失調状態の人口）は、近年、八億人から一〇億人ほどを推移している。つまり、人類の七人に一人が飢える年もある。もし食糧が増産されずに人口だけ増えれば、二〇二〇年代には二〇億人、人類の四人に一人が飢えることになる。第一節で指摘したように、現在の中東の混乱が、国際穀物価格の高騰によって引き起こされたことを考慮するならば、二〇二〇年代には、そうした混乱や内戦が、アジア、中東、アフリカなど世界各地で発生する可能性が高い。

安倍政権の問題点は、第二に、日本国内の問題である小状況の危機のうち、①食糧・エネルギー・国防の米国依存体制を、そのまま維持することを前提としている点である。もっともこれは、第一次安倍政権時代に、戦後レジームからの脱却、すなわち、米国が構築した戦後体制からの脱却を主張し、米国の怒りを買い、それが政権を失う一因となったという苦い経験に基づくのかもしれない。

小状況の危機のうち、②日本弱体化については、人為的デフレ不況については、脱却に熱心で、積極的に金融緩和を行っている。だが、大衆増税となる消費税の引き上げについては、財務官僚の口車に乗って八％へ引き上げて、景気を悪化させてしまった。その後、一〇％への引き上げは、二〇一四年十二月に、衆議院を解散することで財務官僚の抵抗を封じ、引き上げの先送りに成功した（青山［2015］）。

金融政策などで景気が回復すれば、日本弱体化を、短期的には一定程度食い止めることができる。だが、日本の国力を中長期的に奪っていく格差拡大や、少子化、高齢化といった危機に対しては、有効な対策をほとんど推進していない。これでは、中長期的には、日本弱体化傾向は止まらない。

安倍政権が積極的に取り組んでいるのは、日本を取り巻く状況である中状況の危機に対してである。まず第一に、①米国一極覇権の衰退による世界の自由貿易体制の動揺に対しては、「同盟戦略」によって食い止める方針である。周知の通り、安倍政権は憲法解釈を変更し、二〇一四年七月に集団的自衛権行使容認を閣議決定した。さらに、二〇一五年四月の「日米防衛協力のための指針（ガイドライン）」の再改訂により、日米同盟を適用する地理的範囲を、日本の周辺地域から全世界へと拡大した。二〇一五年四月二八日の日米首脳会談後の会見で、オバマ米国大統領は、日本を「地球規模のパートナー」と位置付けた（新聞各紙の報道による）。つまり日米両政府は、米軍と共に自衛隊を世界各地へ派兵する方針で一致している。

かつて、十九世紀の自由貿易体制は、世界最強の英国海軍が、世界のシーレーンを防衛することで成立していた。だが十九世紀末頃より、ドイツや米国の国力が上昇したのに対し、英国の国力は停滞し、単独でのシーレーン防衛が困難となり始めた。その時に英国が選択したのが、日本との同盟戦略である。当時、英米に次ぐ世界第三位の海軍大国に成長した日本と同盟（日英同盟一九〇二〜一九二三年）し、アジア・太平洋地域のシーレーン防衛を日本に分担させることにより、世界の自由貿易体制を維持した。

二十一世紀の現在、国力が低下しつつある米国は、西欧諸国（ＮＡＴＯ北大西洋条約機構諸国）及び日本との同盟戦略により、世界のシーレーンを防衛し、世界の自由貿易体制を維持する方針である。海上自衛隊は既に二〇〇九年から、欧米諸国の艦艇と共に、欧州とアジアを結ぶシーレーンの要衝アフリカ東部ソマリア沖・アデン湾において、輸送船の護衛任務に就いている。二〇一五年三月までの累計護衛隻数は三五三五隻だが、そのうち八割強の二八七六隻は、日本籍船でも日本の運航事業者による運航でもない外国籍船である（統合幕僚監部［2015］）。

つまり、日本は現段階で既に、シーレーン防衛と世界の自由貿易体制の維持に、多大な貢献をなしている。さらに、二〇一五年五月末から七月末までの二ヶ月間、海上自衛隊の海将補（少将に相当）が、同海域の多国籍部隊の司令官に就任する予定である。自衛官が多国籍部隊司令官に就任するのは、自衛隊創設以来初めてのことである（新聞各紙の報道による）。同盟戦略は、着々と進行中である。

米国にとって、現在の安倍政権の安全保障政策は好ましい。ゆえに二〇一五年四月二九日に、安倍首相は日本の首相として初めて、米議会上下両院合同会議において、演説する栄誉を与えられた。その演説の締めくくりは、以下のようなものである。日米同盟を「希望の同盟」と呼ぼう、世界をもっと遥かに良い場所にしていこう、日米が一緒ならば、きっとできる（産経［2015］）。

多くの米国国会議員が立ち上がって拍手喝采したのは、安倍首相が、米国の同盟戦略を支持し、米国の一極覇権を支えると明言したからである。

だが、米国・西欧・日本の同盟で、果たしていつまで世界の自由貿易体制を維持できるのか。そもそもシーレーンを防衛できても、内陸の混乱を収拾するのは、ソマリア、シリア、イエメンなどの状況を見れば明らかなように、極めて困難である。二〇二〇年代に飢餓人口がもし二倍に増加すれば、世界各地がソマリア・シリア・イエメン状態になる。シーレーンを防衛できても、内陸から港湾への物資の輸送が困難になれば、各種資源を輸送船に載せることができない。世界の自由貿易体制が衰退するのは確定的である。そもそも、一つの体制が永遠に続くことなどあり得ない。今後の問題は、世界の自由貿易体制を、第一に、いつまで、どの程度まで維持できるのか。第二に、そのために日本はどの程度の経済的費用を負担し、どの程度の人命を犠牲にするのか、である。

日本は今後しばらくの間は、米国との同盟戦略を続けるであろう。だが、日本が負担する経済的費用が高まり、失われる日本人の人命が増加するに従い、同盟戦略に対する国民の不満は高まり、鎖国戦略に回帰することになろう。ならば、多くの人命が失われる前に、できるだけ早く準鎖国体制の準備をしたほうがよい。

では次に、中状況の危機の②中国の輸入大国化と、③中国の海洋進出に対する安倍政権の戦略について、検討しよう。まず、③中国の海洋進出に対しては、安倍政権は、周辺国との防衛協力によって、阻止する方針である。安倍政権は二〇一四年四月に武器輸出三原則を撤廃したが、その目的の一つは、日本製の高度な兵器類（艦船、潜水艦等）を、東南アジア諸国、オーストラリア、インドなどへ輸出し、周辺国の防衛力を強化することである。それにより、国際法を無視した中国の海洋進出を食い止められると想定している。

続いて、②中国の輸入大国化は、円安政策によって食い止めるとの戦略がうかがえる。そもそも中国が食糧とエネルギーの輸入大国と化したのは、経済成長と、それに伴う人民の生活水準の向上が原因である。

いわゆる「日本効果」論や「迂回輸出国」論によると、改革開放以降の中国の経済成長は、他のアジア諸国と同様に、日本企業が進出して工場を建設し、日本を頂点とするピラミッド型の国際分業体制に組み込まれることで、実現した。中国を含めたアジアの工業国は、工業製品を生産する機械や高付加価値の部品を日本から輸入し、国内生産した低付加価値の部品も用いて工業製品を組み立て、米国、欧州、日本などに輸出している（渡辺・岩崎［2001］二三三頁など）。

よって、中国の経済成長を妨害するには、中国から日本企業を撤退させればよい。近年の保守派知識人の中には、中国との国交断絶、あるいは経済断交によって、中国経済に打撃を与えよ、と主張する者もいる（例えば三橋［2015］など）。

だが、もっと穏便な方法もある。それが円安政策である。そもそも、日本企業が怒濤のごとくアジア諸国に進出し工場を移転させたのは、一九八五年のプラザ合意による円高が原因である。ゆえに、極度の円安状態が続けば、日本企業は工場を、中国などのアジア諸国から、日本へと再移転させる。

安倍首相は、その点を明確に意識して、円安政策を推進している。ジャーナリストのインタビューに対し、自らの円安政策により、大手メーカーの工場が日本に再移転し、国内の雇用が増加した、と自画自賛している（週刊新潮［2015］一二一～一二三頁）。

実際、アベノミクス開始後二年間で、中国人民元は日本円に対し五〇％以上も上昇したため、日本企業の対中投資は激減し、中国の経済成長は鈍化した。中国では、ＧＤＰ（国内総生産）のデータは、各省レベルで偽造されるため、中国政府自身が信用していない。代わりに、景気変動の指標として、中国政府の高官達が着目するのが、鉄道貨物輸送データである。前年同月比で、二〇一一年までは、毎月八％前後のプラスであったが、アベノミクス開始後、マイナスになる月が目立ちはじめ、一四年は毎月のように二％以上のマイナスである（田村［2014b］）。つまり、二〇一四年の中国経済は、マイナス成長に陥っていた可能性があるほど、停滞した。

中国の経済成長が鈍化したため、鉄鉱石と原料炭の国際価格が下落し、それが、二〇一四年夏頃からの石油価格の下落の引き金となった（田中（直）［2015］八二～八三頁）。なぜなら、全世界輸入量に占める中国の比率と順位は、鉄鉱石は六二％（二〇一二年）、石炭は一七％（二〇一一年）で、共に世界第一位の輸入国である。石油は、前述のように、一二％を占めて世界第二位の輸入国である（二宮編［2015］八三～八四、九二頁）。

第一節で指摘したように、国際石油価格と国際穀物価格は連動している。二〇一四年夏頃から、国際石油価格と国際小麦価格が下落し始めた。二〇一四年六月は、石油は一バレル一〇五ドル、小麦は一トン当たり三〇七ドルだったが、七月から下落し始め、二〇一五年三月は石油四八ドル、小麦二三一ドルである（本川［2015］）。安倍政権の円安政策は、我々の想像以上に、そしておそらく、安倍首相の想像も遥かに超えて、世界経済に大きな影響を与えている。もしこのまま国際穀物価格が低価格で安定すれば、中東やアフリカ等の低所得層の生活も安定し、中東・アフリカの混乱も終息に向かうかもしれない。

だが、そうした見方は、楽観過ぎるであろう。現時点（二〇一五年三月）でも、小麦価格は二〇〇〇年代前半と比べて高すぎる。前述のように、二〇〇一〜〇五年（年平均）は一六一ドルである。

そもそも昨年（二〇一四年）夏以降の石油価格下落の直接的な原因は、サウジアラビアを筆頭とするＯＰＥＣ（石油輸出国機構）諸国が、石油の減産をせずに、国際的な供給過剰状態を放置したことにある。サウジアラビアの政策決定過程は公開されないため真相は不明だが、一般的には、シェールオイル潰しだと指摘されている。

シェールオイル生産量の急増により、二〇〇八年から一四年にかけて、米国の石油生産量は、日本の全消費量を超える量も増加した。だが、シェールオイルの生産コストは一バレル五〇〜八〇ドルと高価格である。そこでサウジアラビアは、国際石油価格をそれ以下に引き下げて、シェールオイル開発を妨害しようと考えた。サウジアラビアの石油生産コストは一バレル一〇ドル以下だが、国家財政を均衡させるためには、一バレル一〇〇ドルで販売する必要がある。だが、国家財政の累積黒字額は四五〇〇億ドルもあるため、今後三年から四年は、原油安に耐えられる（福田［2015］、田中（直）［2015］八三頁）。

つまり、現在の原油安は、長くても三～四年しか続かない。ゆえに、国際穀物価格の低下も、三～四年未満の短期的なものに終わる。

以上より、安倍政権の戦略は、数年単位の短期的戦略としては、一定の有効性を持つ。だが、十年から三十年、あるいはそれ以上の中長期的戦略としては、極めて不充分である。大状況の問題に対応せずに、中状況の問題だけに熱心に取り組んでも、日本は危機の時代二十一世紀を生き抜くことはできない。遅くとも二〇二〇年代後半には、安倍政権的な対米依存型の戦略は、根本的な方向転換が迫られよう。我々は一刻も早く、過去の日本文明の経験から学んだ新しい社会の建設に取り組み、二十一世紀の危機を生き抜く準備を始めなければならない。

初出「危機の時代二十一世紀と日本文明――経済史的視点より」『文明研究・九州』（比較文明学会九州支部）第九号、二〇一五年七月。
※他の章と重複している部分を削除し、若干の加筆修正を加えた。

注

（1）それに加えて、二世紀以降、各地に駐屯する軍団が、その駐屯地で新兵補充する制度が導入されたため、軍団の民族構成が地域的特徴を持つようになった。そのため、軍人皇帝時代の内戦は、帝国内の民族間抗争としての側面もあった（弓削［1989a］三八一〜三八二頁）。

（2）最も古いとされる古墳の一つである奈良県桜井市の箸墓古墳は、宮内庁によって、孝霊天皇の皇女で三輪山の神大物主神に仕える巫女であったヤマトトトヒモモソヒメの墓とされるが、卑弥呼（三世紀半ばに死去）の墓の有力候補とされる（例えば都出［2011］六五頁）。その一方で、邪馬台国ヤマト説を支持する者でも、台与の後の男王（三世紀後半）が最初の巨大前方後円墳の造営者で被葬者だとの主張もある（寺沢［2008］三〇八〜三〇九頁）。

（3）近年の大嘗祭に関する研究に服部［2014］。

補論1　グローバル経済における地球倫理と未来文明創成
――近世日本経済史と倫理としての武士道の視点から

1　問題の所在　ゼロサム文明からプラスサム文明へ

安倍晋三第二次政権（二〇一二年十二月〜二〇一四年十二月）の経済政策の中には、経済学的に妥当なものもあるが、一方で、経済学的かつ地球倫理的に明らかに誤っているものもある。その一つが、「世界で勝って家計を潤す」という言葉に象徴される輸出主導型成長戦略である。経済学的には、現在の日本は変動為替相場制のため、どれほど日本企業が世界市場で「勝利」して外貨を稼ごうと、円の総量は変化しない。つまり、日本は豊かにならない。円の総量を増やせるのは、中央銀行である日本銀行だけである。

輸出主導型成長戦略は、地球倫理の点でも、大いに問題がある。日本企業が「世界で勝利」した暁には、「敗北」した世界の人々は、果たしてどうなるのか。企業の倒産、失業、自己破産、家庭崩壊、児童虐待、犯罪増加、貧困、栄養失調と餓死、などに直面する。そうなれば当然、日本は世界中から恨まれ、憎まれる。テロの標的とされることも増加する。まさに、近年の米国と同様の状態となる。九・一一米国中枢テロで、ビジネスパーソンが勤務しているだけの世界貿易センタービルが攻撃されたのは、米国政府が推進するグローバリズムという新植民地主義政策が、イスラム教徒の生命を脅かしているとの認識が、テロリスト側にあったからである（金子［2008］二二一～二二五頁、金子［2012］一二四～一二六頁）。

アベノミクスとは、米国政府の経済政策のコピペである。米国型政策を推進しても日本国民の大部分は豊かにならず、世界中から憎まれるだけである。これでは、未来は拓けない。ゆえに我々は、米国型強欲資本主義とは決別すべきである。もちろん、世界中を貪り尽さんとする中国型強欲共産主義に与することもできない。米国型強欲資本主義と中国型強欲共産主義の共通点は、収奪によって貨幣を蓄積している点である。米国ではウォール街が、中国では共産党が、国内外の多くの労働者と自然環境を過剰に収奪している。

例えば、ウォール街の投資ファンドを含む外資は、日本の上場企業株式の約三割を保有している（金子［2008］五六頁）。株式会社は、大株主の意向には逆らえない。つまり日本の財界は、外資の意向に逆らえない。その財界の要求により実現したのが、九九年と〇四年の人材派遣法の改悪である。これにより日本企業は、正社員の半分程度の賃金で派遣労働者を雇用することが可能となった。それによって生じたのが、第一にワーキング・プア（働く貧困層）の増加であり、第二に正社員の長時間サービス残業の日常化とそれによる鬱病患者の増加である（金子［2008］五三～五六頁、金子［2012］一二二～一二四頁）。厚労省によると、全労働者（被雇用者）に占める非正規雇用の比率は一九八五年の一六％から二〇一二年には三五％へ拡大し、一二年における年収三〇〇万円以下の低所得世帯は全世帯の三二％を占める。国税庁によると、一九九九年から二〇〇七年にかけて、一年以上勤続者の平均年収は四六一万円から四三七万円に減少し、民間給与総額は二一七・五兆円から二〇一・三兆円へ一六・二兆円減少したが、企業の配当等総額は五・二兆円から二〇・九兆円へ一五・七兆円増加した。つまり、労賃削減により生み出した利益の大部分を配当金として、ウォール街を含む株主へ支払っている。近年、日米等多くの国々でワーキングプアが増加したのは、ウォール街による過剰収奪が原因である。

中国共産党も、人民と自然を過剰に収奪している。第一に、元高抑制により中国の消費者を収奪している。なぜなら、人為的な元安により、輸入品が本来あるべき価格よりも高くなるからである。第二に、労賃抑制により、労働者を収奪している。第三に、農産物価格抑制により、農民を収奪している。第四に、商品生産費の抑制のため、環境破壊や公害を黙認している。これは、自然の過剰収奪とみなせる。こうした四大収奪の目的は、輸出増加による外貨獲得である。その外貨の多くを、中国共産党の幹部達が不正蓄財している。中国の輸出政策は諸外国の雇用を破壊し、資源爆食によって外国の環境も破壊している。

ゼロサム・ゲームとは、得をした者の利益と、損をした者の損失を合計すると、ゼロになる方式のゲームである（金子［2008］一二頁）。つまり、ウォール街も中国共産党も、ゼロサム方式で富を形成している。他者から富を奪うことによって富を得るゼロサム・ゲーム・システムが中心となっている文明を、本論ではゼロサム文明と呼ぶこととする。

ゼロサム文明の下では、多くの人民の生存が危機に陥る。生存の危機に直面した人民は、人民の生活を顧みない政府に対し立ち上がり、命がけで戦いを挑む。二〇一一年には中東諸国で独裁政権崩壊や内戦が相次いだ（金子［2011］一八七～一八九頁）。今年（二〇一四年）に入ってからも、タイやウクライナ等で大規模な反政府運動が発生している。日本では名古屋や千葉で、無職青年による凶悪な無差別通り魔事件が発生している。これは日本社会に対する無差別テロである。この背景には、日本社会のアウシュヴィッツ化がある。ナチスが建設したアウシュヴィッツ絶滅収容所には軍需工場が設置されており、究極の高生産性を実現するために、ユダヤ人収容者らを労働者として次々に使い潰して殺していた。現在のワーキングプア層は同様の労働環境に置かれている（金子［2011］第三章、第四章）。ゼロサム文明を転換しない限り、二十一世紀は、革命、テロ、内戦、戦争の時代となる。

本来、富の形成とは、人類にとって有益な商品を研究開発し、労働者に適正な賃金を支払って生産し、それを適正な価格で売買して築くものである。環境を保全し、全ての人々の人間の安全保障を守り、さらに、全体として富が増加し、全員が豊かになるシステムを、本論ではプラスサム文明と呼称する。我々が目指すべき未来文明は、このプラスサム文明である。二十一世紀の現在、経済規模世界第一位の米国も、世界第二位の中国も、ゼロサム文明である。ゆえに世界第三位の経済大国である日本こそが、全人類が幸福になれるプラスサム文明のモデルを、世界に示すべきである。しかもそのモデルは、我々の先人達、近世の日本人達が既に築いている。

2　プラスサム文明としての江戸日本

周知のように、江戸時代中期・後期の武士達は、質素倹約に努めていた。傘張りなどの内職をする武士もいた。「武士は食わねど高楊枝」との言葉もあるように、昼食を抜かざるを得ない武士もいた。つまり、多くの武士は低所得であった。だが、江戸時代の支配者層は武士である。支配者である武士が、なぜ低所得なのか。その理由は、諸外国の支配者層とは異なり、人民や自然環境からの収奪を抑制していたからである（本節の内容は、金子［2008］第四章・第五章・第六章、金子［2011］第一章に基づく）。

近年の日本経済史の通説によると、江戸時代の日本は、通俗的なイメージとは異なり、税の軽い社会であった。農民の年貢負担は、幕府領では形式上は四公六民であった。だが、江戸時代前期の十七世紀にコメ生産量が増加したにもかかわらず、納めるコメの量は変化しなかったため、十八世紀以降は、幕府領では実質的には二公八民となった。つまり、税率二〇％である。江戸時代は、税負担の少ない大衆軽税社会であった。

　ではなぜ武士は、自らの生活を犠牲にしてまで、軽税に努めたのか。それは、全ての人々の生命を守るためである。簡潔に説明しよう。

　江戸時代は、世界的に気温が低下した寒冷期であった。気温低下はコメの生産性を低下させるため、食糧供給量を減少させる。十七世紀の日本人は、この問題を農地面積の拡大で乗り越えようとした。森林を次々に伐採して開墾し、河川の上流地域まで農地にした。その結果、河川の氾濫が相次いだ。食糧の確保を優先すれば、森林破壊の進行により土壌が流出し、最後には大地が沙漠化する。一方、森林保護・環境保全を優先すれば、必要な量の食糧を確保できず、食糧危機が発生する。古代シュメール文明から、モアイ像で有名なイースター島文明に至るまで、多くの文明はこの問題を解決できず、滅亡した。

　江戸幕府は、一六六六年に諸国山川（さんせん）掟を制定した。世界初の森林保護と植林の法律である。だが、環境保全を優先したため農地拡大が困難となり、食糧需給が逼迫した。十七世紀の百年間に、食糧の増産以上に人口が増加したため、一人当たりの穀物量は、江戸初期の一・五石から、中期には一石にまで減少した。一石とは、一人の成人が一年間生きるために必要な穀物量である。江戸初期は、米や麦で酒や焼酎を生産し、武士や富裕層が大量に飲酒しても、つまり穀物の分配が不平等であっても、飢える人民は発生しない。だが江戸中期以降は、穀物の不平等分配が行われれば、餓死者が発生してしまう。そのままでは、他国のように食糧危機が日常化し、不作や凶作の度に人民が大量死し、食糧をめぐって内戦となり、人口崩壊が発生する可能性もあった。ゆえに、それを防ぐために、武士は清貧に徹して、貧困層が必要量の穀物を入手できるようにしたのである。

ではなぜ武士は、人民の生命を守ろうとしたのか。その理由は、江戸武士道の根幹に、利他的倫理観の「活人剣の精神」が据えられていたからである。活人剣の精神は、柳生宗矩が第三代将軍徳川家光を啓発するために著した『兵法家伝書』の中心思想である。その思想は以下のようなものである。刀は、人を殺すための武器である。だが、万民を苦しめる極悪非道の悪人を斬れば、万民を救える。つまり刀は、人を生かす（活かす）利器になる。武士が持つべき刀は、この活人剣である。ゆえに、将軍も含めた武士の使命は、万民を生かすことである。万民を生かす（活かす）政治こそが、武士が目指すべき仁政である。

こうした活人剣思想は、将軍家の剣術となった柳生新陰流と共に、各藩に普及した。江戸中期になると、山本常朝の『葉隠』に継承され、深化した。常朝は「武士道とは死ぬことである」と記した。果たして、武士は何のために死ぬのか。大義のためである。では、大義とは何か。その根幹は、他者を生かすことにある。江戸中期になると、他者を生かすために自らの命を捧げることが、武士道の真髄とされた。だからこそ武士は、貧困層の命を守るために、清貧に徹した。

その代表例が、松代藩家老の恩田杢（一七一六〜六二年）である。恩田は、貧困農民への大規模な年貢減免と、藩財政再建を両立させるため、自らに厳しい清貧を課した。食事は常にコメと汁物のみとし、副食物は漬物さえも食べることをやめた。恩田だけではない。彼の家族や直属の家臣達も、自ら進んで同様の清貧を実行した。だが、質素すぎる食生活は恩田の健康をむしばんだ。改革開始の四年後に病に伏し、亡くなった。恩田は、まさに自らの命を捨てて、藩民を活かそうとした武士であった。恩田が病に倒れた時、多くの農民が城下に集まり、快復を神仏に祈った。農民達も、自分達のために恩田が倒れたことを知っていたのである。恩田の政治姿勢や政治改革を記した『日暮硯』は、日本中で人気を博し、多くの読者を得た。恩田は、政治家の理想像として受け留められたのである。

十八世紀末には、幕府老中の松平定信が、貧困救済を目的とした寛政改革（一七八七～九三年）を推進した。大都市では七分積金、農村では郷蔵というセーフティーネットを構築した。それらの資金は富裕層に負担させたため、格差が縮小した。寛政改革の主要政策は、「仁政の基本」とされて幕末まで維持された。加えて寛政改革では、抜本的な少子化対策として、小児養育手当という制度を導入した。なぜなら十八世紀の日本では、需給逼迫により穀物価格が上昇したため、貧困層を中心に少子化が進み、日本全体で五％も人口が減少していたからである。この制度は、貧困農民に対し、収入に応じ最大で、下層世帯の母親の年収三年分ほどのコメや現金を支給する制度である。この制度により少子化は止まり、人口は増加に転じた。軽税と貧困救済は仁政の名の下に行われたが、経済学的には大衆の需要を増加させ、経済成長をもたらす効果がある。近年の日本経済史の通説では、江戸後期から継続的な経済成長が始まり、明治の工業化はその延長線上にあるとされる。

江戸日本は、環境保全社会であり、全ての人々の人間の安全保障を守る人道主義社会であり、加えて経済成長社会でもあった。ゆえに江戸日本は、プラスサム文明であった。

3 結論 未来文明としてのプラスサム文明

それでは、江戸日本の経験を、現代社会に応用してみよう。ⓐ江戸時代の武士に相当する人々（官僚、公務員、大企業の経営陣と社員等）が清貧に徹する。ⓑ貧困を救済し、その費用は富裕層に負担させて格差を是正する。ⓒ環境保全のために、省エネやリサイクルを推進するのに加え、再生可能エネルギーを推進（江戸時代の植林に相当）する。そうすれば、我々の社会は、環境保全、人間の安全保障、経済成長の鼎立が可能となる。社会全体として富が増加し、全ての人々が豊かになるプラスサム文明となる。

我々は江戸日本をモデルとした日本型清貧修正資本主義を構築し、米国型・中国型のゼロサム文明に替わる未来文明として、世界に示さなければならない。なぜなら、プラスサム文明への転換こそが、人類の希望であり、未来だからである。

初出　「グローバル経済における地球倫理と未来文明創成——近世日本経済史と倫理としての武士道の視点から——」『地球システム・倫理学会会報』第九号、二〇一四年九月。

※若干の加筆修正を加えた。

第2部　二十一世紀日本の成長戦略

第四章　寛政改革に学ぶ人道的経済成長戦略

1　問題の所在　アベノミクスと今後の日本経済

二〇一二年十二月に誕生した第二次安倍晋三政権の経済政策は、アベノミクスと呼ばれている。アベノミクスとは、経済政策の中心に、①年率二％のインフレ目標を設定した金融緩和（貨幣発行量・流通量の増加）、②一〇兆円を超える補正予算などを主とした財政支出の拡大、③規制緩和を中心とする成長戦略[1]、という三本柱を据えるものである。

金融緩和、財政支出拡大、規制緩和を同時に推進する政策は、近年の国際標準的な経済政策である。規制緩和については、環境、消費者、労働者を保護するための規制を緩和する場合は、経済政策以前の問題で論外だが、ここではあえてふれない。

日本経済史の近年の研究でも、将軍家斉（いえなり）の大御所時代である一八二〇年代以降、こうした経済政策により、継続的な経済成長が実現し、それが明治以降の工業化に繋がったとされる（金子[2010] 四二頁）。具体的には、江戸時代後期より、幕府直轄領や小藩を中心に徐々に規制緩和が進行し、商業や手工業が発展した（上記の③）。それに加え、一八二〇年代になると、幕府の貨幣発行量増加（①）と財政支出拡大（②）により、経済成長が実現した。

だが、大御所時代以降の経済成長の大前提に、寛政改革（一七八七〜九三年）の諸政策がある。寛政改革は仁政の名の下に、貧困救済、格差是正、セーフティーネットの整備、少子化対策を、大規模に推進した。寛政改革の本質は封建的社会政策であった（藤田[1993]）。

なお、格差社会を放置したまま貨幣発行量を増加させると、必ずバブルが発生する。なぜなら増えた貨幣は富裕層に集中し、その遊休資金が株式、土地、その他の投機商品に大量流入するからである。バブルは必ず崩壊し、その後に到来するのは長期大不況である（金子[2010] 四〜七、二八〜三二頁）。

寛政改革の重要な特徴の一つは、富裕層の負担でセーフティーネットを整備した点にある。これにより、富裕層への貨幣集中を防ぎ、貨幣は社会全体を適正な状態で流通することとなった。それにより、社会全体の貨幣流通量が増加し、それが大衆需要の増加をもたらした。大衆需要が増加すれば、食品や衣料品などの大衆消費財の生産が増加する。それは、多くの農民や手工業者の所得を増加させる。それが、大衆消費財への大衆需要をさらに増加させる。こうした好循環の連続により、継続的な経済成長が実現したのである。

では、貧困救済、格差是正、セーフティーネットの整備、少子化対策が欠如したアベノミクスで、今後の日本はどうなるのか。その際に着目すべき点は、（1）大衆需要を減少させる消費税引き上げ、（2）アベバブルの崩壊時期、の二点である。なおＴＰＰ（環太平洋経済連携協定）は、公正な自由貿易協定ではなく、米国のみが一方的に利益を享受する極めて不公正な協定となる可能性が高く、日本への悪影響が憂慮される（金子［2012］一二二～一二六頁）。だが、ＴＰＰの実態は実施されるまで不明なため、ここでは考察の対象外とする。[2]

消費税の引き上げは大衆増税に当たるため、確実に大衆需要を減少させる。政府が大衆から吸い上げた金額分だけ、消費が減少して企業の売り上げが減少し、景気を悪化させる（金子［2011］「はじめに」参照）。かつて橋本龍太郎政権が消費税を三％から五％へと、わずか二％分引き上げただけで、日本は大不況に突入した。実質経済成長率は、一九九六年の三・四％から、九八年にはマイナス〇・六％へと下落した（金子［2008］七〇頁）。

だが仮に、政府が国民から吸い上げた以上の金額、例えば二倍の金額を公共事業等に投入すれば、マクロ経済的には、景気の悪化を抑えられるはずである。よって、政府が、消費税引き上げと同時に大型の本予算と補正予算を組めば、不況への突入は一時的に回避され、アベバブルが継続し続ける。もっとも、アベバブルの裏では、日本のアウシュヴィッツ社会化[3]が進行し続ける。富裕層がバブルで浮かれ続ける一方で、大量の自殺者が発生し続け、無差別殺傷事件が頻発し、多くの労働者がワーキング・プア化して鬱病となり、過労死水準の長時間労働により、肉体的精神的に苦しみ続ける。

今後の日本経済の予測としては、下記の三つのケースが想定される[4]。

ケース一　二〇一四年四月前後に大不況突入（大型予算による財政拡大が不充分な状態で、消費税を八％に引き上げた場合）。

ケース二　二〇一五年十月前後に大不況突入（大型予算による財政拡大が不充分な状態で、消費税を一〇％に引き上げた場合）。

ケース三　二〇一六〜一八年にアベバブル崩壊で大不況突入（バブルは通常、長くても五年程度で崩壊する）。

いずれのケースにせよ、アベノミクスだけでは、日本の経済や社会を再生することも安定化させることもできない。しかし残念なことに、近年の自民党の政治家等は、貧困救済、格差是正、セーフティーネットの整備、少子化対策といった寛政改革的政策に、極めて後ろ向きである。その理由は、彼らが米国流のネオリベ（新自由主義）思想を保守思想だと誤解しているからである。保守とは本来、伝統的価値観を保ち守ることである。ネオリベ思想の背景には、プロテスタントの世界観がある。よって、ネオリベ思想は米国では保守思想であっても、日本では外来思想であり、保守思想ではない。

プロテスタントの世界観とネオリベ思想との関係は、下記のようなものである。

全知全能の唯一神が天地を創造したがゆえに、この世界には神の秩序が内在している。万有引力の法則を始めとした自然界の諸法則は、全て神の秩序の一部である。経済社会にも神の秩序が存在し、それこそが自生的な市場秩序である。市場メカニズムによって生じる失業や貧困は、信仰心の足りない者への神の罰である。ゆえに、政府は失業者や貧困層を救済してはならない。政府の市場への介入は、神の秩序を歪める行為であり、瀆神行為である（金子［2008］四一～六一頁、金子［2011］七四～八一頁）。

米国ではこのように考えるプロテスタントが多いがゆえに、福祉に後ろ向きな「小さな政府」路線の支持者が多い。

では、日本における真の保守的政治理念は何か。それは、江戸幕府が掲げた仁政である。日本における真の保守的政策とは、仁政の名の下に実施される寛政改革的政策である。

なお、近年、田沼意次を再評価する歴史家が出現している。だが田沼政治は、当時の民衆から悪政と認識されていた。意次の息子を単なる私怨で殺害した殺人犯を、「世直し大明神」ともてはやすほど、当時の民衆は田沼政治を憎んでいた（金子［2011］一〇頁）。

悪政に高評価を与えるのは、異常である。本章で明らかにするように、悪政田沼政治の対極にある寛政改革こそが、日本の伝統的価値に基づく政策である。よって、寛政改革的政策こそが、日本における真の保守的政策である。

先進工業国日本の礎を構築した寛政改革と、その政治理念である仁政の思想的・社会的背景とは、具体的にどのようなものだったのか。それを以下において考察する。

2　日本における真の保守としての寛政改革

一九二〇年一月一〇日、国際連盟が設立された。常任理事国は、英国、フランス、イタリア、日本の四ヶ国である。日本はこの時、英国等と並び、世界を指導する大国の一つにまで、成長していた（篠原［2010］）。近代日本は、産業革命に成功し、工業国家として台頭した。それにより、二十世紀前半には、世界を指導する役割を担うほどの大国となったのである。

ではなぜ日本は、産業革命に成功できたのか。産業革命には、大衆需要が必要不可欠である。なぜなら、産業革命の基軸産業は、機械綿紡績業だからである。同産業が発展すれば、紡績機械の需要が大量発生する[5]。機械は鉄製のため、大量の鉄鋼需要も発生する。ゆえに、機械綿紡績業が発展すれば、機械産業と鉄鋼業も発展する。この両産業が発展すると、近代的造船業や鉄道建設も順調に進展し、重工業全体が発展する。綿製品は大衆衣料であるため、大衆需要が不充分だと、機械綿紡績業は成立せず、産業革命も成功しない。

では、日本で大衆需要が増加した契機は何か。寛政改革である（金子［2011］第一章）。

十八世紀後半は世界的に気温が低下したため、世界各地で穀物生産が減少して価格が上昇し、経済危機が発生した。危機打開のために行われたのが、米国独立革命（一七七五〜八三年）、寛政改革（一七八七〜九三年）、フランス革命（一七八九〜九九年）である。経済学的視点では、寛政改革はフランス革命に匹敵する大改革である。この時期に欧米諸国と日本では、大衆負担の軽い軽税国家路線が定着した。それにより大衆需要が増加し、十九世紀中に産業革命を達成した。フランスは産業革命を一八〇〇年代から開始し、一八三〇年代に達成した。米国は一八一〇年代から東部で開始し、一八七〇年代に全国規模で達成した。日本は一八二〇年代から継続的な経済成長を開始し、一八九〇年代に産業革命を達成した。ドイツとイタリアは、フランス革命とナポレオン戦争の影響を受けて改革を進め、十九世紀中に国家統一（イタリアは一八六一年、ドイツは一八七一年）と産業革命を達成した。

これらの国々は、二十世紀に入ると主要先進工業国に成長し、現代世界の枠組みを構築した。二十世紀前半には、非加盟だった米国を除き、国際連盟の理事国となった。ドイツは一九二六年に、加盟と同時に常任理事国となった（篠原［2010］一〇〇頁）。第二次世界大戦後は、これらの国々が、サミット（主要先進国首脳会議）の初期メンバー国となり、世界経済を主導した。一九七五年より開始されたサミットの当初の参加国は、英国、フランス、ドイツ、イタリア、米国、日本の六ヶ国である。よって、十八世紀後半の危機に対応できた人口大国のみが、二十世紀の世界を主導する主要国に成長したのである。

十八世紀後半の危機について、簡単に説明しておこう[6]。地球の気候は、太古の昔より、寒冷化と温暖化を繰り返している。近世は寒冷期であり、その中でもさらに気温が低下したのが、十八世紀後半である。全世界的に冷害となり、食料需給が逼迫した。生活苦に陥った各国の人民は、重税を課す国王・皇帝に対し立ち上がり、欧米では米国独立革命やフランス革命、中国では白蓮教徒の乱（一七九六～一八〇四年）を起こした。

一方、英国では、十八世紀中頃から始まったノーフォーク農法などの普及による農業革命によって、食料の供給量は増加していた。しかし森林資源の枯渇により、気候寒冷化に直面したにもかかわらず、庶民は、暖房用燃料として、充分な量の薪炭を購入できなかった。そこで、薪炭の下級代替財として庶民が用いたのが、石炭である。庶民は人口の大部分を占めるため、庶民が購入するようになった商品には、膨大な需要が生まれる。石炭に対する膨大な大衆需要は、炭鉱業を大いに発展させた。炭鉱の坑内での出水を、効率よく迅速に汲み出すために蒸気機関ポンプが開発・実用化され、採掘した大量の石炭を低価格かつ迅速に都市部へ輸送するために、蒸気機関車が発明された。つまり気候寒冷化が、英国に燃料革命を、さらには動力革命を、もたらしたのである（金子［2008］一二六頁）。

加えて英国は、十七世紀に市民革命を経験し、国内では市民の生活に配慮する軽税国家であった。そのため庶民の購買力が上昇し、大衆衣料である木綿などの大衆商品の需要が増加した。その膨大な大衆需要を満たすために、綿紡績業で機械化による大量生産が開始され、世界最初の工業化である英国産業革命が始まったのである（金子［2010］三七頁）。

米国とフランスでは、市民革命の成功により、市民が市民の税を決定することとなった。それにより、王国時代の重税国家から、大衆軽税国家へと転換した。他の欧州諸国も、フランス革命の影響を受け、大衆軽税国家となった。

一方、清朝中国では、白蓮教徒の乱は鎮圧された。中国では、王朝末期になると必ず重税化する。なぜなら反乱の鎮圧には、軍事費がかかる。その費用を調達するために、増税するのである。だがそれにより、人民はさらなる生活苦に陥る。そのため次々に農民反乱が発生する。皇帝側は、鎮圧のためにさらに多額の軍事費が必要となるため、さらに徴税を強化し、さらなる反乱の続発を引き起こしてしまう。清朝中国もこの例に漏れず、白蓮教徒の乱を鎮圧したものの、急速に重税化し、それにより次々と反乱を発生させ、衰退過程に入った。清朝末期の中国は、ほぼカタストロフィに近い状態であり、十九世紀後半には、中国全体で六〇〇〇万人から八〇〇〇万人もの人民が大量死し、人口は一八四〇年の四億人から一八七三年には三・五億人へと減少した。近代中国が、列強の半植民地と化した一因には、こうした人口崩壊と、それによる国力低下がある。

十八世紀後半の日本では、一七八二年から八七年にかけて、天明大飢饉が発生した。コメどころの東北地方で冷害による不作や凶作が続いたからである。加えて、東北以外の地方でも穀物価格が上昇し、全国で一揆や打ちこわしが発生した。既に先行研究で明らかなように、「百姓」身分の者の中には、農業以外を主な仕事とする者も多かった。そのため、実際の農業民の比率は全人口の六割程度であり、穀物生産者に限定すると五割程度であった。残りの「百姓」は商工業などに従事し、食料の一部もしくは大部分を購入していた（網野［2000］二五一〜二七九頁）。ゆえに穀物価格の上昇は、多くの貧困層の生活に大打撃を与えた。

コメ生産の減少により江戸の穀物価格も高騰したため、一七八七年五月には、大規模な江戸打ちこわしが発生した。一〇〇〇軒近くの質屋・米屋が襲撃されたのである。これに衝撃を受けた幕府は、翌月、松平定信を老中に抜擢した。定信は、八六年に老中を辞任した田沼意次の路線からの大転換を宣言し、諸改革を実施した。これが寛政改革である。

田沼は人民の生活を軽視し、幕府財政を重視した政治を行った。中央政府である幕府が、財政赤字解消のため、ひたすら目先の金銭的利益を追求した。例えば、間接税にあたる冥加金や運上金を、小商人に対してまで広く課税した。この大衆課税により、庶民の生活必需品の価格が上昇したため、貧困層は大打撃を受けた。田沼政治の結果、庶民の間にも金銭的利益を求める風潮が強まり、田沼病が広まった。人民の側も、社会全体の利益を忘れ、目先の個人的な利益を追求する風潮が強まり、社会が荒廃したのである（藤田［1993］五頁）。具体的には、第一に、農民達は利益の少ない穀物生産よりタバコや藍・紅花などの換金作物の生産を好むようになった。第二に、一部の農民達は、現金収入と奢侈な生活、それに一攫千金を狙って、農村を捨てて江戸などの都市部へ流入するようになった。そのため耕作放棄地が増加し、人口減少により農村も地方経済も衰退した。これらの理由で社会全体の穀物需給が逼迫していた時に、気温低下により東北地方で不作・凶作が続いたため、飢饉が発生したのである。つまり田沼政治が、天明大飢饉の一因であった。

こうした政治を、定信は大転換した。仁政の名の下に、飢饉対策、貧困救済、富の再分配、少子化対策、地方経済振興策等を、大規模に推進した。地位に固執しない定信は、わずか六年で幕閣を去ったが、寛政改革の主要政策は、幕末まで維持された。それにより、幕藩体制と日本社会は安定し、大衆需要が増加し始めた。

本章の問題関心に基づいて、寛政改革の最重要政策を、三点だけ挙げる。郷蔵、七分積金、小児養育手当の三点である。

郷蔵とは、農村地域で、農民の石高に応じて飢饉用の保存食料を納める制度であった。そのため、富裕な上層農民は、石高が大きいため、負担が重い。一方、小作農などの貧困農民は、自分の農地を持たない無高のため、保存食料を納める必要がなかった。だが飢饉の際に、郷蔵の保存食料を主として利用するのは、食料を納めなかった貧困農民である。つまり郷蔵は、農村地域において、富裕層の負担で貧困層のセーフティーネットを構築する制度であった。郷蔵は、飢饉対策であるのと同時に、富の再分配制度でもあった。

七分積金とは、江戸町内の富裕層の負担によるもので、以下の三点の機能を持った制度である(7)。第一に、飢饉用のコメの備蓄、第二に、江戸町民への低利融資、第三に、貧困層の救済、である。特に貧困救済は、怪我や疾病、それに老齢などの理由で、労働不能となった身寄りのない者を対象としていた。したがって、現在の生活保護制度に相当する機能である。つまり七分積金は、都市部において、富裕層の負担で貧困層のセーフティーネットを構築する制度であった。

このように、郷蔵と七分積金は、富の再分配制度であるのと同時に、セーフティーネットでもあった。現代の用語を用いるならば、この両制度は、「人間の安全保障」を守る制度であった。

「人間の安全保障」とは、衣食住など生存に必要不可欠な商品を安定供給することで、全ての人々の生命や人間らしい生活を守ることである。

小児養育手当とは、貧困農民に対し、収入に応じ最大で、下層農家の母親の年収三年分ほどのコメや現金を支給する制度である。当時の下層農家は、妻が地主などの家で下働きをし、わずかな賃金を得て、なんとか家計を維持していた。だが、乳飲み子を抱えると、地主などの家で働けない。そのため、当時の貧困農民の間では、間引きの悪習が広まり、人口減少が深刻化していた。具体的には、享保六年（一七二一年）から寛政四年（一七九二年）にかけて、日本全体では、三一二八万人から二九八七万人へと五％ほど減少した。東北地方と関東地方では、同期間に、それぞれ一六％ずつも減少した（鬼頭［2000］一六〜一七頁）。

だが、この小児養育手当により、人口減少に歯止めがかかった。年収三年分ほどのコメや現金が支給されれば、貧困農家の母親は、子供が三歳頃になるまで、地主などの家で働く必要がない。子供が三〜四歳になれば、近所の年上の子供達と一緒に遊ばせておけば、彼らが面倒を見てくれる。その間、母親は地主などの家で働くことができる。

幕藩体制下では、各藩は、幕府が導入した政策に追随する。各藩も同様の政策を導入したため、一八二〇年代には人口が回復した。文政十一年（一八二八年）には、日本全体で三二六三万人にまで増加した（鬼頭［2000］一六〜一七頁）。

近年の日本経済史の通説によると、日本では、継続的な経済成長が一八二〇年代より開始し、それが、明治時代の産業革命をもたらす（中村［1985］など）。なぜならこの時期に、第一に、人口減少から増加への転換、第二に、貧困解消・格差是正、第三に、貨幣発行量増加と財政支出拡大が実現し、大衆需要が増加したからである。前者二点（人口減少から増加への転換、貧困解消・格差是正）は、寛政改革の成果である。三点目の貨幣発行量増加と財政支出拡大は、大御所時代の政策である。

貧困を解消すると大衆需要が増加し、経済成長が実現する。貧困層はわずかな商品しか購入できないため、国民の大部分が貧困だと、国全体の商品生産量は停滞し、経済も停滞する。逆に、貧困を解消し、大衆の可処分所得を増加させると、大衆は多くの商品を購入するようになる。まっさきに購入を増やすのが、食品と衣服である。前述のように、産業革命の基軸産業は機械綿紡績業である。ゆえに大衆貧困社会では、政府が企業や工場をいくら梃子入れしようが、産業革命は成功しない。また、格差社会よりも、格差の小さな社会のほうが、経済成長しやすい（金子［2010］二五～二八頁）。なぜなら、富の再分配により、大衆の所得が増加するからである。ゆえに、大衆の税・社会保障費を減らし、富の再分配により格差を是正し、貧困を解消した社会では、産業革命が順調に進展する。ちなみに、産業革命期の日本の輸出依存度は六～一一％程度と極めて低く、内需主導型産業革命である（金子［2010］四四頁）。

なお、通俗的イメージとは異なり、江戸時代の年貢はもともと軽かった。形式上は四公六民であっても、実質的には二公八民、すなわち実質税率二〇％であった（金子［2008］二〇〇頁）。現在の所得税と住民税の合計税率は、課税所得四〇〇万円の世帯は三〇％である（金子［2010］六頁）。現代は、各種の控除がある一方で、消費税などの様々な税負担もある。そのため単純な比較はできないものの、江戸時代の年貢負担が軽いものであったとは言えよう。

そのうえ、前述のように、農村部では郷蔵により、都市部では七分積金により、庶民のためのセーフティーネットが構築された。セーフティーネットが完備されれば、庶民は、万が一に備えて現金を貯め込む必要がなくなる。それにより、庶民の消費が活発化し、大衆商品の需要が増加、経済成長が実現する。寛政改革以降の江戸日本は、大衆軽税国家であるのと同時に、大衆福祉国家でもあった。それが、のちの継続的な経済成長実現をもたらしたのである。

大御所時代の貨幣発行量の増加は、一八一八年に老中に就任した水野忠成（ただあきら）の政策による。貨幣改鋳、すなわち小判の純度（金の含有量）を低下させて、貨幣発行量を増加させた。具体的には、それまでの純度六六％を五六％へと低下させた（井奥［2009］五六頁）。幕府は、発行量を増やした貨幣を用い、財政支出を拡大させた。幕府の歳出額は、一八〇二〜一一年は年平均一四五万両だったが、改鋳直後の一八二〇年には三五〇万両、二一年には四八七万両と急増した。一八二二〜三一年は年平均三〇三万両であり、一八〇〇年代の二倍強であった（杉山［2012］六二、一一六頁）。こうした理由により、全国の金銀銭合計額は、一八一八年の三三六九万両から、一八三二年には四六八六万両へと約四割増加した（中村［1993］六〇頁）。

幕府の財政支出が増加すれば、その増加分は、商人、手工業者、農民、労働者らの収入の増加に繋がる。例えば、幕府の役人達が、公務で短距離を移動する際にも、頻繁に駕籠を利用するようになれば、駕籠を担ぐ労働者の収入や雇用が増加する。労働者が増えた収入で寿司を食べ酒を飲めば、飲食業や酒造業の売り上げが増える。それらの産業に従事する者の収入も増加し、雇用も増える。彼らがその増えた収入で、晴れ着などの衣服を購入すれば、綿織物業が発展し、綿花栽培農家の収入も増加する。つまり、幕府の財政支出拡大は、乗数効果を発生させ、経済を成長させる。しかも寛政改革以降は、富の再分配システムが構築されているため、富裕層に貨幣が集中し、退蔵されることも少ない。ゆえに、社会全体で貨幣流通量が増加し、継続的な経済成長が実現したのである。

ただし、江戸時代は鎖国政策のため、外国から食料や農産物の輸入ができない。国内の農地は、限られている。そのため、貨幣発行量を増加させて、商品生産を活発化させると、換金作物が増産される一方で、その分、穀物生産量が減少し、飢饉の原因となる。

近年の研究によると、江戸前期の十七世紀は大開墾時代と呼ばれ、農地面積は百年間で五割も増加し、人口は一二〇〇万人から三〇〇〇万人へと激増した。河川の上流地域の森林も伐採されて開墾されたため、河川の氾濫が相次いだ。そこで江戸幕府は、治山治水のため、一六六六年に諸国山川(さんせん)掟を制定し、農地拡大よりも、森林保全・環境保全を優先した(金子[2008]一四六～一四七頁、及び第六章)。

そのため江戸中期以降は、農地拡大が困難となったため、商品生産の増加は、穀物需給の逼迫と、トレードオフの関係となった。近年の研究者の中には、食料問題を軽視し、田沼意次や水野忠成を高評価する者もいる。だが、田沼時代が天明大飢饉の、大御所時代が天保大飢饉の背景となったことを、我々は決して忘れてはならない。

ところで、寛政改革の際、定信政権は、小児養育手当などの財源を、どのように捻出したのか。質素倹約である。武士層は現在の公務員に相当する。増税無き財政再建をも目指した定信は、公務員給料を限界まで削減し、それによって人民の生活を支える財源を捻出したのである。

3 活人剣思想と祭司王天皇

江戸時代の武士は、自らに厳しい質素倹約を強いることによって人民の負担を削減し、人民の生活を支えた。だが本来、武士は支配者層である。なぜ支配者が人民のために、自らの生活を犠牲にし、清貧に徹したのか。その理由は、江戸武士道の根幹に、利他的倫理観の「活人剣の精神」が据えられていたからである（金子［2008］一九二〜二〇二頁）。

活人剣の精神は、柳生宗矩（むねのり）が著した『兵法家伝書（へいほうかでんしょ）』の中心思想である。同書は、第三代将軍徳川家光の剣の師であり人生の師でもあった宗矩が、家光を啓発するために執筆した。その思想は、以下のようなものである。

刀は、本来は人を殺すための武器である。だが、万民を苦しめる極悪非道の悪人を斬れば、万民を救える。つまり刀は、人を生かす（活かす）利器になる。武士が持つべき刀は、この活人剣である。ゆえに、将軍も含めた武士の使命は、万民を生かすことである。万民を生かす（活かす）政治こそが、武士が目指すべき仁政である。

活人剣思想は、将軍家の剣術となった柳生新陰流と共に、各藩に普及した。江戸中期になると、さらに、山本常朝の『葉隠』に継承され、深化した。常朝は、宗矩の高弟だった村川伝右衛門の甥である。常朝は『葉隠』で、「武士道とは死ぬことである」と記した。

果たして、武士は何のために死ぬのか。大義のためである。では、大義とは何か。一般的には、「主君のため」や「お家のため」である。もちろん、「主君のため」とは、藩主個人の利益のためではない。「主君」とは藩共同体の象徴である。「お家のため」の主家も同様である。つまり武士にとっての大義とは、藩共同体への貢献である。現代風に言えば、地域社会への貢献である。

それではもし、ある藩主が利己的で、仁政を行わない場合、家臣達はどうしたのか。「主君押込」を、実行した。主君押込とは、藩主が発狂したことにして、座敷牢に閉じこめたり、強制的に隠居させるなどして、政治権力を剥奪する行為のことである（笠谷［1988］）。江戸時代において、主君押込は、一般的な統治システムに組み込まれたものであり、これにより仁政の遂行が担保されていた。具体的な事例をいくつか挙げよう。

一つ目の事例は、岡崎水野家事件（一七五一年）である（笠谷［1988］四八～五二頁）。岡崎藩水野家六万石は、江戸幕府の老中を三名輩出した名門譜代大名である。のちに天保改革を推進した水野忠邦も、その一人である。この事件で押込されたのは、水野忠辰（ただとき）である。一七三四年に十四歳で家督を相続した忠辰は、儒教的理想に基づく統治を希望した。だが、上級家臣達は、彼の理想を理解しなかった。そこで、中級以下の家臣を次々に側近に抜擢し、理想の実現を試みた。一七四六年、忠辰は命令違反を理由に家老一名と年寄一名を罷免し、その翌年にも年寄一名を罷免した。家老とは藩の最上級家臣で、岡崎藩では世襲で定員が三名であった。年寄は家老に次ぐ上級家臣で多くが世襲であり、定員は五名である。つまり忠辰は、自分の意に沿わない上級家臣の四割ほどを、短期間に次々に罷免したのである。そこで上級家臣側は、一七四九年の正月、岡崎城への一斉不出仕で反抗の意思を示した。一斉不出仕とは、現代風に言えばストライキである。だが現代の労働者とは異なり、武士は武装している。しかも上級家臣は石高が多いため、直属の家臣も多い。つまり、上級家臣は軍事力が大きい。そのため藩内は、武力衝突寸前の緊迫した情勢となった。内戦を恐れた忠辰は悩んだ末に屈服し、忠辰側近の解任で、この件は終結した。藩主が身勝手な理想を掲げて藩内を混乱させたのは、藩主の側近に問題があったのだという建前で、一件落着したのである。

それ以降、忠辰は政治への関心を失った。吉原で遊興にふけり、多額の浪費をするようになった。それを憂えた忠辰の生母が、一七五一年九月に自殺した。忠辰の放蕩に対する抗議の自害である。江戸時代、藩財政と藩主の生活費は一体化していた。そのため、藩主が個人的理由で浪費を行うと、藩民のための行政サービスの経費を、捻出できなくなる。ゆえに藩主の放蕩は、藩民を苦しめる。だからこそ忠辰の生母は、自らの命をなげうち、諭そうとした。だが、忠辰の行状は改まらなかった。生母の中陰（四十九日の間）中にも、遊郭へ赴いた。そこで、同年十月、年寄三名を含む上・中級家臣らが、忠辰を座敷牢に幽閉した。主君押込を実行したのである。その後、岡崎藩は幕府に対し、忠辰が病気であると届け出た。そして、分家の第二子を養子に迎えた。翌年三月、忠辰の隠居と、養子への家督相続が、幕府から許可された。実は幕府は、主君押込の前から、忠辰の行状を憂慮していた。そのため、主君押込を容認したのである。

二つ目の事例は、加納安藤家騒動（一七五五年）である（笠谷［1988］五五～六二頁）。美濃国加納の安藤家六・五万石は名門譜代大名で、幕府の老中や寺社奉行に歴代に渡って任命されていた。一七三二年に当主となった信尹（のぶただ）は奢侈を好んだため、役人の綱紀も乱れた。一七四七年十二月には、郡奉行の出奔事件が発生した。年貢米の先納や御用金の賦課に対し、すなわち臨時増税に対し、農民が郡奉行に強訴を行ったところ、その郡奉行が出奔したのである。これはおそらく、私腹を肥やすための増税だったからであろう。一七五三年には、郡奉行の同様の出奔事件が二件も発生した。そこで同年五月、家老の坂田が中心となり、信尹に対し主君押込を行った。

ところがその後、家老坂田の遊郭通いが発覚した。これに激怒したのが、中級家臣達である。中級家臣の三原田ら五名が坂田を弾劾、信尹の再出勤を家老衆や安藤家分家らに訴えた。藩内の綱紀が乱れていたのは、藩主が原因ではなく、家老が原因だと考えたのである。家老衆と安藤家分家らは相談の上、坂田を罷免した。だが同時に、三原田ら五名を強制的に隠居させて閉門とした。閉門とは、外部との連絡を遮断した自宅軟禁処分である。だが三原田は、見張りの目を盗んで脱出し、一七五四年十一月、幕府の大目付に出訴し、押込された主君の解放を訴えた。幕府は評定所で吟味を行うこととし、大目付二名を調査に派遣、関係者を大量に召喚した。五五年二月に結審したが、主な判決は以下の通りである。

家老の坂田は、死罪である。理由は、主君蟄居中に遊郭通いという放埒により、「家中」すなわち藩内で騒動を発生させたからである。なお、主君押込は罪に問われていない。

三原田も、死罪となった。理由は、押込にあった主君を解放・救出しようとしたからである。それは「家の為に成らず」、すなわち藩全体のためにならないからである。

三原田達を弾圧した家老衆は、その弾圧の手法が騒動を引き起こしたとして有罪となり、遠嶋や追放処分となった。その他の関係者のうち、主君押込に関わっただけの者は無罪であった。主君解放に動いた者は有罪で、追放処分となった。なお、家老に説得されて、途中で主君解放要求を撤回した者は、無罪であった。

この幕府の判決からは、仁政の実施を妨げている悪主を主君押込することは、家臣団の正当な行為であり、逆に、悪主に対し藩士が忠誠を尽くすことは死に値する、との幕府の認識を読み取ることができる。

ではもし、藩主の権力が強大で、家臣団が悪主を主君押込できない時には、どうしたのか。その時は、そうした悪主を、幕府が排除した。その事例を一点挙げよう。

その事例とは、阿波蜂須賀家の君臣抗争（一七五四〜六九年）である（笠谷［1988］一四〜四五頁）。重喜は秋田佐竹藩の分家の第四子であったが、蜂須賀家の血統が途絶えたため、一七五四年に、十七歳で第十代蜂須賀家当主に迎えられた。阿波藩では、一七五六年には、藍玉専売制に対する大規模な農民一揆の未遂事件が発生、その後も年貢徴収にまつわり一揆が発生した。つまり、多くの農民が苦しんでおり、何らかの改革が迫られていた。そのため、重喜は改革を目指したが、家老らは守旧派で、協力を得られなかった。そうした時、一七六五年に、蜂須賀家の家督相続問題が主因となり、主君押込未遂事件が発生した。他家からの養子である重喜が、自分の実子を蜂須賀家の次の家督とする路線を、強行したからである。主君押込計画を事前に察知した重喜は、家老ら上級家臣を分断し、個別に失脚させた。定員五名の家老のうち、三名を失脚させることにより、一七六六年には主君専制体制を完成させた。重喜は次々に改革を推進したが、絶対的権力を握った者は必ず堕落する。重喜もその例に漏れなかった。家臣・領民に倹約を強いる一方で、自らは浪費するようになったのである。重喜は豪華な別荘「大谷御殿」を建設し、三都から芸子を呼び遊興するようになった。その上、自分の意に沿わない家臣を、些細な理由で処罰し、知行召上を頻繁に行った。知行召上とは、家臣の世襲給料を没収することである。これは財源確保の方策でもあった。

こうした状況を憂慮した幕府は、一七六九年、調査を開始した。幕府が問題視した点は、下記の四点である。

第一に、「代々の家法」が乱れていること。家法とは、阿波藩の基本法である。

第二に、「国政乱れ、国民難儀に及ぶ」こと。つまり悪政で藩民を苦しめている。

第三に、家臣への不当な処罰。重喜は諫言した家臣を処罰していた。

第四に、藩主が遊興にふけり、家臣・藩民が「難儀」していること。

幕府の調査に対し、蜂須賀家側は、病気による隠居願いの提出という穏便な方法を希望した。だが幕府は、調査の末、重喜に隠居命令を下した。これは、処罰隠居であることを明確に示したものであった。

以上の三例から、下記のことが明らかである。
①放蕩する藩主は悪主である。なぜなら、放蕩の原資は、藩民が納めた税だからである。
②上記のような主君を押込するのは、家臣として正当な行為である。なぜなら、それが、藩民も含めた藩全体のためだからである。
③悪主・暴君を押込から解放することは重罪である。なぜなら、主君への忠義よりも、藩全体のため（「家の為」）に尽くすことが、藩士の使命だからである。
④家臣団が悪主・暴君を押込できない時は、幕府が悪主・暴君を排除する。
幕府は、大目付により大名を、目付により旗本を、監視していた。幕府への謀反を監視していただけではない。各藩の藩主が仁政を実施するように、監視していたのである。

このように、大義の根幹は人民を生かす（活かす）ことであった。江戸中期になると、『葉隠』に記されたように、人民を生かすために自らの命を捧げることが、武士道の真髄とされるに至った。

だからこそ多くの武士は、貧困層の命を守るために、清貧に徹した。その最も過激な例が、信州松代藩の家老で、一七五七年に同藩の「勝手方御用」（現代国家の財務大臣に相当）に任命された恩田杢（もく）である（金子［2008］二〇〇頁。笠谷校注［1988］、笠谷［1999］）。彼は貧困農民に対し、巨額の減税政策を行った。具体的には、石高一〇万石の松代藩で、二万六〇〇〇両の未納年貢を免除した。幕末の高インフレ期より前は、金一両でほぼ一石のコメを購入できた。よって恩田は、藩ＧＤＰ（国内総生産）の四分の一に相当する未納年貢を免除したことになる。

ではなぜ、そんなにも巨額の未納年貢があったのか。それは、第一に、信州は寒冷な地域なため、寒冷化の影響を強く受け、コメ生産性が低下し、年貢を満額納められない農民が増加したからである。第二に、一七四二年の大水害によって多くの農地が荒廃し、その打撃が後々まで続いたからである。

恩田は、貧困農民への年貢減免と藩財政の再建を両立させるため、自らに厳しい清貧を課した。具体的には、新たに購入する着物は、木綿製のみとした。食事は常にコメと汁物のみとし、副食物は漬物さえも食べることをやめた。恩田だけではない。彼の家族や直属の家臣達も、自ら進んで同様の清貧を実行した。だが、質素すぎる食生活は恩田の健康をむしばみ、家老就任の四年後に、四六歳で病に伏して亡くなった。恩田は、まさに自らの命を捨てて、藩民を活かそうとした武士であった。恩田が病に倒れた時、多くの農民が城下に集まり、回復を神仏に祈った（笠谷校注［1988］一五二頁）。農民達も、自分達のために恩田が倒れたことを知っていたのである。

恩田の政治改革や政治姿勢をまとめた『日暮硯』は、多数の写本や異称本・改編版を生み出し、江戸を始め日本全国に流布し、多くの読者を得た（笠谷校注［1988］一五三～一七二頁。笠谷［1999］五三～六三頁）。つまり江戸後期において恩田は、政治家の理想像として受け留められた。

なお恩田亡き後、彼の精神は引き継がれたため、松代藩は十九世紀になると、富裕な藩へと成長した。大規模な大衆減税により、第一に大衆需要が増加し、第二に農民達の勤労意欲が高まったからである。幕末の松代藩は佐久間象山を抜擢し、高額な洋書を多数購入して洋学研究を進め、新たな時代を切り開く藩の一つにまで成長した（笠谷［1999］一一二～一一三頁）。

ところで、なぜ恩田らは着物を木綿にしたのか。江戸時代、絹の着物の着用は、武士にとってのステータス・シンボルの一つである。絹を着ずに木綿を着ることは、本来ならば、支配者層としての威信に関わるはずである。だが恩田らは、あえて木綿を選んだ。なぜなら、もし武士や富裕層が絹の消費を増やせば、多くの農民達が、麦畑を桑畑に転換し、養蚕・製糸業を営むようになる。穀物生産は、現在と同様に当時も、利潤率の低い農業経営だからである。穀物栽培面積が減少すると、社会全体の穀物生産量が減少し、穀物需給が逼迫する。需給逼迫は穀物価格の上昇を引き起こし、貧困層を餓死に追い込んでしまう。江戸時代中期以降、幕府は、武士には質素倹約を、庶民の富裕層に対しては奢侈禁止を、農民に対しては換金作物の栽培抑制を、繰り返し求めた。その理由は、穀物需給の逼迫を緩和するためだったのである。例えば、酒の消費が増加すれば、酒生産の増加によって、食料用のコメ・麦の供給量が減少し、穀物価格が上昇してしまう。

このように、武士達の清貧は、貧困層の生命を守るためのものであった。

では次に、活人剣思想のような利他的倫理観が、なぜ、日本中の武士に普及したのか。それは、征夷大将軍を任命する天皇が、文化人類学的には「祭司王」だからである（フレイザー［1936］）。

祭司王は、共同体の代表であると同時に一員である。神の血を引いており、それゆえに、神通力を持つ。その神通力を用いて神々に働きかけ、農産物の豊作をもたらし、天災を回避し、共同体の繁栄を実現する。つまり、祭司王の存在意義は、共同体の繁栄にある。

神の子孫とされる日本の天皇は、その神通力を用い、日本民族の繁栄を、神々に祈り続けてきた。例えば、花園天皇（在位一三〇八～一三一八年。生没年一二九七～一三四八年）が残した日記（『花園院宸記』）によると、常に人民の生活を想っていたことが明らかである（八幡［2011］一四七～一四八頁）。長雨が続くと、人民の苦しみを憂い、天候に一喜一憂した。天候悪化は、神通力を持つ自分の力不足だと考えたからである。天候が悪化すると必死に神に祈り、天候が好転すると、自分の祈りが神に通じたと思い、ほっと胸をなで下ろす。火事が増加すると、「朕の不徳であろうか」と思い、徳を積むために般若経を詠んだ。なぜなら、徳を積めば神通力が強化されると考えられていたからである。

天皇は祭司王であるため、民族共同体に繁栄をもたらすことに存在意義がある。それを自覚しているからこそ、例えば、寛正大飢饉（一四六一年）時、後花園天皇は、室町幕府の第八代将軍足利義政を叱責した。なぜなら義政は、庭造りに没頭し、飢民救済策を実施しなかったからである。ゆえに後花園天皇は、庭造りの費用を飢民救済に充てるべきだと叱責したのである。また、天明大飢饉の際にも、光格天皇が、幕府に飢民救済の申し入れを行っている（八幡［2011］一六二頁、一八五頁）。

世俗の権力が公家から武家へ移ったのは、そして武家政権の時代となってからも、平家政権から、鎌倉幕府、室町幕府、江戸幕府へと移ったのは、世俗の権力者が、失政によって人民を苦しめたからである。その象徴的な事例が、平家政権である。平清盛は、田沼意次と同様に、貨幣重視・食料軽視の政策を推進し、食料需給を逼迫化させた。それが、養和大飢饉（一一八一年）を引き起こした。

よって、天皇から将軍に任命された徳川家は、世俗の権力を、人民の繁栄のために行使しなければならない。なぜなら天皇は、人民を大量死させる人物には、官位の授与や、征夷大将軍への任命などを、行わないからである。それゆえに、徳川家が将軍職を維持し続けるためにも、幕府は人民の生命と生活を守り続けなければならない。だからこそ幕府は、大名を監視し、人民を苦しめる大名を排除したのである。

万民を活かすことを目的とする活人剣思想が、徳川家の、そして武士達の行動規範となったのは、征夷大将軍を任命する天皇が、日本民族の繁栄を祈る祭司王だったからである。

4　結論　仁政による経済成長戦略

上記の考察より、今後の日本に必要な政策は明らかである。仁政の名の下に、第一に大衆需要増加政策を、第二に少子化対策を、第三に地方経済振興政策を、第四に富裕層への貨幣の過剰集中防止を、行うべきである。それこそが、日本における真の保守政治である。

具体的に説明しよう。大衆需要増加政策は、①セーフティーネットの整備、②大衆減税及び社会保険料の減額、③医療・介護及び教育・子育て費用の大衆負担の引き下げ、④高賃金政策、からなる。

セーフティーネットの整備は、人道的視点から必要であるのと同時に、経済成長の視点からも必要である。セーフティーネットの整備が不充分であれば、大衆は、万が一に備えて貯蓄に励み、その結果、消費が伸び悩むことになる。充分なセーフティーネットを整備することにより、大衆の消費は活発化する。つまり、大衆需要が増加する。既に金子［2010］序章で明らかにしたように、大衆需要こそが経済成長の原動力である。

金子［2011］第三章・第四章で分析したように、現在の日本社会は、自殺者の大量発生や、自暴自棄に陥った失業者による無差別殺傷事件の頻発など、深刻な社会危機に陥っている。こうした状況は、すみやかに改善すべきである。具体的な政策については、金子［2011］第四章で提示した使用目的限定の生活補助券の支給が望ましい。その券には、一定時間のボランティアを義務付ける。現在の生活保護制度で不正受給が発生するのは、現金支給の上に、何らかの奉仕活動が義務付けられていないからである。

大衆需要を増加させるために必要不可欠なのが、大衆減税である。大衆増税となる消費税の引き上げなどは、もってのほかである。消費税は廃止し、富裕層への貨幣集中を防ぐために、高級品にのみ課税する奢侈品税を導入すべきである。

高齢化と高学歴化が進んだ現代社会では、十八世紀や十九世紀とは異なり、医療費や教育費も、大衆にとって重い負担である。加えて日本では、税とは別に健康保険料などの社会保険料が徴収されている。現在の日本では、自治体によって異なるが、年収二〇〇万円から三〇〇万円のワーキングプア世帯が、年間三〇万円から五〇万円ほどの国民健康保険料を支払うケースも珍しくない。こうした大衆負担を半減させ、さらに医療費の自己負担額や高等教育の学費も半減させれば、大衆の可処分所得が増加し、消費が増加する。

加えて、大衆需要の増加には高賃金政策が必要不可欠である。以下に私見を述べよう。法定最低賃金を五年間かけて段階的に時給三〇〇〇円以上に引き上げ、かつ法定年間労働時間を一五〇〇時間以内とする。一五〇〇時間を超えて働かせた場合は、一〇〇%割り増しの残業代を支払うことを法律で義務付ける。ちなみに、一日七時間の労働を月曜日から金曜日まで行い、それを年間四三週間行えば、一五〇五時間となる。長期休暇は、年末年始、五月、十一月に一週間ずつの連休を、八月には四週間の連休を、法律で義務付ける。それに年間一〇日間の祝日を加えれば年間労働時間が約一五〇〇時間となる。もちろん、サービス残業という違法行為が行われた場合は、雇用主に対して厳罰を加えるべきである。現在の日本では、多くの企業で違法行為であるサービス残業が横行している。その理由の一つは、雇用主に対する罰則がないからである。サービス残業が発覚しても、企業側は残業代を支払えば罪に問われない。これではサービス残業が横行するわけである。

ところで、法定最低賃金を引き上げると、中小零細企業の倒産が続出するとの主張も耳にする。だがそうした主張は、無能な経営者達の意を受けたプロパガンダである。急激な変化への対応は困難であっても、緩やかな変化に対応できない経営者は、よほどの無能経営者だけである。二〇一二年度の地域別法定最低賃金は、最も高い東京都が時給八〇〇円で、最も低い島根県と高知県が六五二円である（厚労省［2012a］）。法定最低賃金の時給を半年ごとに二五〇円ずつ引き上げることを法制化すれば、五年後には全ての都道府県で時給三〇〇〇円以上となる。五年間もの時間をかけた緩やかな変化ならば、経営者達は対応可能である。機械化や産業ロボットの導入による省力化で、総人件費を抑制するであろう。高賃金政策は、結果的に機械化・産業ロボット化を推進し、日本企業の競争力を強化する。

なお、時給三〇〇〇円で年間一五〇〇時間労働ならば、年収四五〇万円である。これは、夫婦共働きモデル（男女平等モデル）の場合、子供を二人育てられる賃金である。[8] これ以下の賃金では、少子化の防止にはならない。また、夫婦共働きの場合、現状の年間二〇〇〇時間労働では、子育ては困難を極める。多くの夫婦共働き世帯では、夫婦の親が育児に協力することで、なんとかその困難を乗り越えているのが現状である。ゆえに、親が近くに居住していなければ、現状では、夫婦共働きでの子育ては困難である。

次に、少子化対策について述べよう。上記の高賃金政策と年間労働時間の削減に加え、寛政改革で導入された小児養育手当の現代版を行えば良い。具体的には、使用目的限定の小児養育券を、出産半年前から出産後三年間に渡って毎月二五万円（年間三〇〇万円）を支給する。夫の年収が四五〇万円であっても、世帯収入は七五〇万円相当となるため、経済的なゆとりを持って子育てができる。これだけの世帯収入があれば、二人目、三人目の子供をつくる意欲も高まる。加えて、低料金の公立保育所も、大量に増設すべきである。

地方経済振興政策は、地方経済の継続的な成長をもたらすものでなければならない。現状の地方経済振興政策は、公共事業にばかり頼りすぎている。道路等のインフラも必要だが、必要以上のインフラや、ほとんど利用されないハコモノ公共事業は、単なる資源の無駄遣いである。

では、現状をどのように変えれば良いのか。それには、東京への一極集中を転換すれば良い。具体的には、法人税の税率を、地域によって変えるのである。中央政府の法人税は、一九八〇年代後半より、四三・三%から段階的に引き下げられ、二〇一二年より二五・五%となった。この他に、いわゆる地方法人税があるが、どの都道府県も約一〇%ほどで横並びである。したがって、企業は、東京に本社を置いても、地方に本社を置いても、支払う法人税には、ほとんど差がない。

ゆえに、多くの大企業の本社が、東京に集中するのである。よって、下記のように法人税改革をすれば、多くの黒字企業は、本社を地方に移すであろう。まず、地方法人税は、一律一〇％とする。その理由は、地方自治体の財源を確保するためである。次に、中央政府の法人税は、東京都二十三区内を五〇％に、政令指定都市を四〇％に、県庁所在地の市を三〇％に、それ以外の市を二〇％に、町村を一〇％にする。これらの法人税率は、東京都二十三区内は、戦後史上最も高い税率となるが、政令指定都市の場合は八〇年代後半よりも低い。そして県庁所在地以外の市と町村は、現在の税率よりも低い。

なお、日本の法人税は、黒字に対して課せられる。そのため、赤字企業は支払わなくてよい。よって、東京都二十三区内の中央政府法人税を五〇％に引き上げても、経営の苦しい中小零細企業が打撃を受けることは全くない。また、黒字企業の場合も、株主への配当金が減少するだけで、経営が打撃を受けることはない。だが、毎年多額の黒字を計上している優良企業の多くは、法人税率の低い市町村部へ本社を移すであろう。なぜなら、法人税率が低下すれば、株主への配当金が増加する。配当金が増加すれば、株価が上昇する。経営陣の報酬が株価・業績連動性であれば、経営陣の報酬が増加する。ゆえに、黒字大企業の多くは、市町村部へと移転する。

優良企業が東京から地方へ移転すれば、所得水準の高い優良企業社員も、同時に地方に転居する。そうなれば、地方での消費が活発化する。仕事を求めて東京に流出していた若者も地方に戻り、人口が増加して地方経済が活性化する。それにより、地方自治体は税収が増加し、より充実した公共サービスを市民に提供できるようになる。こうして、地方経済は、中央政府の公共事業に頼ることなく、継続的な経済成長を実現できる。

最後に、富裕層への貨幣過剰集中防止政策について解説しよう。これは、バブルの発生を防止することに、最大の目的がある。具体策は既に金子［2011］第七章（一九七〜一九九頁）で指摘しているため詳説は避けるが、大幅な税額控除を設けた上で、所得税の最高税率を大幅に引き上げるべきである。この政策で重要な点は、日本の次期リーディング産業となるべき航空機産業とロボット産業の売り上げが増加するように、税額控除を設けることである。つまり、プライベートジョット機や家事ロボット・介護ロボットなどは、全額を税額控除とする。富裕層に対する税制は、単に軽くしたり重くしたりすれば良いというものではない。次期リーディング産業の発展に、富裕層の資金が使われるようにすべきである。

これらの諸政策を実行すれば、人道的で、かつ継続的に経済成長し続ける社会を構築できる。しかも、現代の日本は金本位制ではないため、上記諸政策に必要な貨幣は、輪転機を回して円紙幣を刷って賄えば良い。江戸時代の武士のように、命を削るような清貧を実行する必要はない。金子［2011］第七章で指摘したように、政府紙幣を発行して賄えば、金本位制思考にとらわれた国民が危惧する国債発行残高も、増加せずにすむ。政府紙幣を発行し、貨幣発行量が増加すれば、円安インフレ好景気となる。インフレで打撃を受ける者は公務員と年金生活者である。よって、彼らの賃金と年金を、物価スライド制にし、その費用も政府紙幣で賄えば、何も問題ない。金子

〔2011〕第二章で明らかにしたように、現在の日本では、ハイパー・インフレは発生しない。なぜなら不換紙幣の価値は、第一にその国の商品生産能力と、第二に商品と不換紙幣との交換を保証する能力、すなわち、不換紙幣の受け取りを拒否した違反者を摘発する警察力に、基づくからである。生産力が小さく、警察力も低いジンバブエのような途上国では、不換紙幣を濫発すると、ハイパー・インフレが発生する。だが、巨大な生産力と優秀な警察力を持つ先進国では、大規模戦争で本土が焦土と化さない限り、ハイパー・インフレは発生しない。

仁政を掲げて政治を行えば、日本国民の「人間の安全保障」は守られ、加えて、大衆需要の増加によって経済成長も実現する。安倍晋三首相が求めてやまない「強い」日本経済は、自然に実現する。今の日本に真に必要な思想は、米国から輸入したネオリベ（新自由主義）思想ではない。日本の伝統的価値観である活人剣思想である。そして必要な政策は、仁政の名の下に実施される寛政改革的政策である。仁政こそが、人道的な真の経済成長を実現するのである。

初出　「寛政改革に学ぶ人道的経済成長戦略」『佐賀大学経済論集』第四六巻第五号、二〇一四年一月。

※若干の加筆修正を加えた。

注

（1）輸出拡大政策も成長戦略の一環として位置付けられている。だが、現在の日本は変動為替相場制である。輸出拡大により貿易黒字（正確には経常収支黒字）が増加すると、変動為替相場制では、円高圧力となる。円高は輸出の減少をもたらす。ゆえに、輸出拡大政策は、長期的視点では、日本の経済成長に結びつかない。

（2）その後、二〇一七年一月に、トランプ大統領により、米国はＴＰＰから離脱した。

（3）アウシュヴィッツ社会について、詳しくは、金子［2011］第三章、第四章を参照。

（4）この予測は、原稿を執筆した二〇一三年夏頃の予測である。消費税は二〇一四年四月に八％に引き上げられ、それにより、二〇一四年七―九月期の実質ＧＤＰ確定値は、年率換算でマイナス一・九％となった（若田部［2015］五三頁）。つまり、ケース一は実現した。その後、消費税の一〇％への引き上げが延期されたため、ケース二は先送りされている。

（5）日本産業革命の場合、当初は紡績機械等の機械類を輸入していたが、その後は順次、国産の織維機械が開発され、普及した。一九〇六年に設立された豊田式織機会社は、トヨタ自動車のルーツとして著名である。

（6）本節は主として、金子［2010］序章と金子［2011］第一章に基づく。また、寛政改革については、竹内［2009］も参照した。

（7）京都や大坂でも同様の政策が導入された（高澤［2012］一〇一頁）。

（8）専業主婦モデルでは、年収六〇〇万円が「家族の単純再生産費」の下限である（金子［2011］六八～六九頁）。

第五章　高度成長の比較経済史的考察——戦後日本の高度成長を中心に

1　問題の所在　高度成長はなぜ発生するのか

戦後日本は、一九五五年から一九七三年にかけて、実質経済成長率が年平均九%という高率の経済成長を実現した。特に、六一年から七〇年にかけての年平均成長率は十一%と高率であった。

これまでの日本経済史の研究史では、戦後日本の高度成長の軌跡について描写した研究[1]は多いものの、なぜ当時の日本で高度成長が発生したのか、その理由を、論理的整合性を持って説明・考察したものは、残念ながら管見の限りではない。当時の国際社会では、戦後日本の高度成長は、ジャパンズ・ミラクル（日本の奇跡）と呼ばれ、「日本例外論」が唱えられていた。つまり、高度成長は日本だけの例外的・奇跡的な事例であると見なされていた。おそらく日本の学会でも、歴史的偶然による一種の自然現象のようなものだと思い込んでいた研究者が多かったのであろう[2]。

だが、一九八五年以降、多くのアジア諸国が、高率の経済成長を遂げるようになった。高度成長は、もはや当時の日本だけの例外的現象ではない。歴史的偶然の産物でもない。高度成長をもたらす明確な要因があるはずである。本章の目的は、それを明らかにすることである。

なぜなら、高度成長の発生要因を明らかにして理論化し、その理論に基づいて経済政策を実行すれば、再び日本で高度成長を実現することが可能となるからだ。そうなれば、近年の日本が苦しみ続けてきた「失われた二十年」からも完全に脱却できる。失業や低所得に苦しむ多くの若者を救うことができる。また、その高度成長理論に基づく政策を途上国で実行すれば、多くの途上国を貧困から解放することができる。本研究の究極的な目的は、全人類を貧困から解放することである。

高度成長は、急速な工業化の進展によって、実現したものである。では、どのような条件の時に、工業化は進展するのか。

例えば、経済史的見地によると、十九世紀において、英国の機械製綿布の輸出額の変動は、インドの米価変動と連関していた。なぜなら、インドで米価が上昇すると、インド人民の食費が増加し、衣服の購入費用が減少するからである。逆に、米価が下落すると、必要な食費が減少し、インド人民の生活に経済的なゆとりが生まれる。それにより、彼らは衣服の購入費を増額する。このように、穀物価格の変動と工業製品生産額の変動は連関していた（Latham 2009, p.221.）。こうした連関は二十世紀においても存在した。二十世紀前半の米価とアジア諸国の経済成長について検証したのがLatham 2009であり、二十世紀後半の日本において、穀物購入費と家電製品生産額の関連について検討したのが、Kaneko 2009である。工業化の中心となる産業は、一般的に、十九世紀は繊維工業であり、二十世紀は家電産業や自動車工業であった。よって、工業化の進展には、それらの工業製品に対する大衆の需要が必要である。なぜなら、どの国においても、人口に占める富裕層の比率は、ごくわずかである。そのため、富裕層だけしか工業製品を買えないような国では、工業化は成功せず、発展途上国に留まり続ける。一方、人口の大部分を占める大衆が、多くの工業製品を買えるようになった国では、工業製品に対する膨大な需要が発生するため、工業化が急速に進展する。そして、その大衆需要の増減は、大衆の所得と生活費の増減と連関している。

なお、近現代の日本は外需依存型の「貿易立国」というイメージがあるが、現実は異なる。一般論として、人口大国でGDP（国内総生産）が大きい国は、貿易依存度が低い傾向がある。世界有数の人口大国である日本の貿易依存度は、いつの時代も低かった。日本の輸出依存度は、産業革命期の一八九〇年代は六%から十一%程度で、高度成長期の一九六〇年代は十一%前後である。不況や格差拡大によって国内市場が縮小すると輸出依存度が上昇するが、十月に世界恐慌が発生した一九二九年は二〇%で、リーマン・ショック前年の二〇〇七年は一八%である（金子[2010] 四四～四五頁）。つまり、一九六〇年代はもちろん、近現代の日本の経済成長は、常に内需主導型であった。

ちなみに、二〇一一年の日本の輸出依存度は、一五％である。同年において、日本以上の人口大国である米国は一四％で、日本の約半分ほどの人口である英国は三三％、フランスは二七％で、ドイツは人口大国の割に輸出依存度が高く、五〇％である（内閣府［2011］）。

つまり、シンガポール（二〇一二年の人口は五三一六万人）のような小国は別にして、一定の人口を有する人口大国は、国内の大衆需要なしには、工業化は困難である。

ところで、人間が生きるためには、多くの商品を必要とする。その中でも、特に、生命を維持するのに必要な食料、身にまとう最低限の衣服、雨や寒さを避けるための住居などを、ベーシック・ヒューマン・ニーズ（以下、ＢＨＮと表記）と呼ぶ。高学歴化や高齢化が進行した現代社会では、十八世紀以前とは異なり、基礎的な教育や基本的な医療も、人間らしい生き方を維持するために必要不可欠である。よって二十一世紀の現在では、教育や医療もＢＨＮに含まれる（金子［2011］六九頁）。

現代では、国によってある程度の違いがあるものの、多くの国では、大衆は、ＢＨＮの多くを、市場を通じて購入する（金子［2008］一二三～一二四頁）。よって、下記の三つのケースのうち、いずれか一つでも実現すれば、工業製品に対する大衆需要が増加し、工業製品の生産額が増加する。それにより工業化が進展し、経済が成長する。

ケースＡ　大衆の所得が減少しない状況下で、ＢＨＮの市場価格が低下した場合。なぜなら、生活にゆとりが生じた大衆は、家電製品等の工業製品の購入に積極的になるからである。

ケースB　BHN価格が上昇しない状況下で、大衆の可処分所得が増加した場合。この場合も、生活にゆとりが生じるため、工業製品に対する大衆需要が増加し、工業化が進展する。

ケースC　BHN価格が上昇せず、大衆の一人当たり可処分所得が減少しない状況下で、人口が増加した場合。この場合、国全体の工業製品に対する大衆需要が増加するため、工業化が進展する。

では、ケースAを実現するために、BHNの市場価格を低下させるには、どのような政策が有効か。自由貿易（A1と略記。以下同様）や規制緩和（A2）である。なぜなら、企業間の競争が激化することによって、商品価格が低下するからである。

次に、ケースBを実現するために、大衆の可処分所得を増加させるには、どのような政策が有効か。それには、四種類ある。貨幣流通量増加政策（B1）、財政支出拡大（B2）、大衆軽税政策（B3）、貧困解消（B4）、である。

最後に、ケースCを実現するためには、人口増加政策が必要である。そのためには、第一に、死亡率低下政策（C1）、第二に、出産数増加政策（C2）が必要である。前者のC1の具体的な政策としては、医療の充実と公衆衛生の向上が効果的である。後者のC2の具体的な政策としては、時代や国によっては、少子化防止政策も含まれる。

ところで、最近注目されているアベノミクスの第一の矢である金融緩和は、貨幣流通量を増加させることが目的である。つまり、貨幣流通量増加政策（B1）の前提となる政策である。財政支出拡大（Ｂ２）は、アベノミクスの第二の矢である。自由貿易（Ａ１）と規制緩和（Ａ２）は、第三の矢の中核となる政策である。

なお、貨幣流通量を増加させる政策は、金本位制時代と、ポスト金本位制時代とでは、全く異なる。金本位制時代においては、兌換紙幣の発行量は、中央銀行が保有する正貨（金貨・金地金・金為替）の量によって制約される。よって、貿易黒字（正確には経常収支黒字）の増加によって正貨準備高が増加すれば、貨幣発行量が増加する。逆に貿易赤字（経常収支赤字）となれば正貨準備高が減少するため、中央銀行は貨幣発行量を削減しなければならない。貨幣発行量減少は、必ず貨幣流通量の減少をもたらし、デフレ不況を引き起こす。ゆえに金本位制時代においては、貨幣流通量を増加させるためには、輸出拡大による貿易（経常収支）黒字増加政策が必要となる。

だが、ポスト金本位制時代は、不換紙幣を使用する。加えて、現在の日本のように変動為替相場制の場合は、正貨や外貨の保有量に関係なく、中央銀行が自由に貨幣発行量を増減できる。ゆえにポスト金本位制時代においては、貨幣流通量を増加させるためには、金融緩和（中央銀行による貨幣発行量増加）が必要となる。

とは言え、よく例えられるように、貨幣発行量（マネタリー・ベース／ハイパワード・マネー）と貨幣流通量（マネー・サプライ）の関係は、棒でつながっているのではなく、ヒモでつながっているような関係である。二つの物が棒でつながっている場合、前者を押せば後者も押し出され、前者を引けば後者も引き寄せられる。だがヒモでつながっている場合、前者を引けば後者も引き寄せられるが、前者を押しても後者は押し出されない。つまり、貨幣発行量を減少させれば貨幣流通量は必ず減少するが、貨幣発行量を増加させても貨幣流通量が増加するとは限らない。だが、貨幣発行量を増加させることなしに、貨幣流通量を増加させることはできない。よって、貨幣発行量増加政策は、貨幣流通量増加政策の前提となる政策である。

死亡率低下政策（C1）と出産数増加政策（C2）によって人口が増加するのは自明であるので、説明の必要はあるまい。そこで、大衆軽税政策（B3）と貧困解消政策（B4）について少し詳しく説明したうえで、貨幣流通量増加政策（B1）と財政支出拡大（B2）についても解説を加えておこう。なぜなら世間では、これらの政策についての誤解が散見されるからである。

まず、大衆軽税政策（B3）と経済成長の関係について説明しよう。大衆への課税を軽くすると、すなわち大衆減税を行うと、大衆の可処分所得が増加して消費が増加、多くの企業の売り上げも増加する。それにより、企業は雇用を増やす。雇用が増加すれば、労働人口が一定ならば、賃金も上昇する。雇用が増加し、賃金が上昇すれば、さらに大衆の消費が増加する。この好循環が発生すれば継続的な経済成長となる。一方、大衆増税を行うと、この逆の結果となる。

近年の日本の好例を挙げよう。橋本龍太郎政権（一九九六〜九八年）は、消費税引き上げ等の大衆増税により、実質経済成長率をマイナスに低下させた。日本の消費税は、食料品などほぼすべての商品に課税される。その消費税を三％から五％に引き上げた。引き上げ分は、わずか二％である。だが、年間消費額が四〇〇万円の普通の庶民の場合、年間八万円を、余計に政府に支払うことになる。そのため庶民は、年間八万円分の消費を削減する。外食を控え、新しい服や家電製品の購入を断念する。それにより、外食産業から家電産業に至るまで、多くの企業の売り上げが減少する。経営が悪化した企業は、ボーナスを削減し、リストラを行う。つまり、労働者の年収が減少し、失業者が増加する。労働者は同時に消費者でもあるので、消費はさらに冷え込み、それは企業経営のさらなる悪化をもたらす。そのため日本の実質経済成長率は、九六年の三・四％から九八年にはマイナス〇・六％にまで下落した。だがその後、小渕恵三政権（九八〜二〇〇〇年）が、大規模な大衆減税を実施した。所得税を、一世帯当たり年間最大二九万円も減税した。これにより、成長率はプラス一・四％に回復した（金子［2011］「はじめに」iii〜iv頁）。

大衆軽税政策を考察する際には、現代の日本の場合、社会保障費の負担軽減も含めて考察しなければならない。なぜなら日本は西欧諸国と異なり、税とは別に、健康保険料などの各種社会保険料が徴収されているからである。現在の日本では、自治体によって異なるが、年収二〇〇万円から三〇〇万円の低所得世帯が、年間三〇万円から五〇万円ほどの国民健康保険料を支払うケースも珍しくない。つまり、病気でもない健康な者が、毎年毎年、税とは別に、年収の十分の一から四分の一ほどを健康保険料として支払っているのである。にもかかわらず、病気になった際の治療費は、三割もの自己負担を強いられる。

社会保障費に加え、教育費も考察する必要がある。二〇一二年における日本の大学進学率は五四％で、専門学校なども含めた高等教育機関進学率は七九％である（文科省［2012］）。つまり、子供のいる家庭の大半が、高等教育の学費を支払う。その学費は、国立大学は年間約五〇万円で、私立大学はその一・五倍から二倍ほどである。よって、医療費の負担軽減や、教育費の軽減は、大衆減税とほぼ同様の効果がある。

次に、貧困解消政策（B４）と工業化との関係について説明しよう。貧困解消は、工業化と継続的経済成長に必要不可欠である。なぜなら、貧困を解消すると、大衆需要が大量に増加するからである。貧困層はわずかな商品しか購入できないため、国民の大部分が貧困状態だと、国全体の商品生産量は停滞し、経済も停滞する。逆に、貧困を解消し、大衆の収入を増加させて可処分所得も増加させると、大衆は多くの大衆商品を購入するようになる。まっさきに購入を増やすのが、食品と衣服である。

なお、産業革命の中心となる産業は、機械綿紡績業である。なぜなら、同産業が発展すれば、紡績機械の需要が大量発生する。機械は鉄製のため、大量の鉄鋼需要も発生する。ゆえに、機械綿紡績業が発展すれば、機械産業と鉄鋼業も発展する。この両産業が発展すると、鉄鋼や機械を大量に使用する鉄道建設や近代的造船業も順調に進展し、重工業全体が発展する。綿製品は大衆衣料であるため、大衆が貧困状態だと、綿製品の需要は増加しない。ゆえに、機械綿紡績業は発展せず、産業革命も成功しない。

二十世紀以降の社会では、衣食が満たされた大衆が、次に購入するのが家電製品であり、その次に購入するのが自家用車である。十九世紀のリーディング産業は機械綿紡績業であったが、二十世紀のリーディング産業は家電産業や自動車産業である。よって、貧困を解消した社会は、工業化が進展しやすい。工業化が順調に進展すれば、先進工業国へと成長する。逆に、大衆貧困社会では、政府が企業や工場をいくら梃子入れしようが、工業化はうまくいかない。そのため、大衆貧困社会は、発展途上国に留まり続ける。

それでは、大衆減税や大衆負担の軽減、それに貧困解消のための社会保障政策などによって生じた政府の財政赤字は、いったい誰が穴埋めするのか。富裕層である。[3] 富裕層から多額の税を徴収し、その資金で、大衆減税、大衆負担軽減、貧困解消などの政策を実施するのである。格差是正は、大衆の可処分所得を増加させるためのものであれば、経済成長に貢献する。

最後に、貨幣流通量増加政策（B1）と財政支出拡大（B2）について解説を加えておこう。大衆の可処分所得を増加させるには、国全体の貨幣流通量の増加も必要である。逆に、貨幣流通量が減少すれば、デフレ不況に陥り、賃金は低下し、失業者が増加する。そうなれば商品の売り上げが減少する。生産した商品が売れ残るのに加え、労働者の賃金が低下するため、企業は機械化への投資を控える。このような状況では、工業化は停滞してしまう。

では、貨幣流通量を増加させるには、どうすればよいのか。現代国家は、中央銀行が発行する貨幣を用いている。よって、中央銀行の貨幣発行量を増加させた上で、財政支出を拡大すればよい。つまり、増刷した貨幣を、政府が国民のために使うのである。なお、大不況期においては、中央銀行が金融緩和によって貨幣発行量を増加させても、民需が冷え込んでいるため、貨幣流通量は思うようには増加しない。ゆえに政府が、増刷した貨幣を使用しなければならない。

なお、貨幣発行量の増加（金融緩和）は、格差是正を行った上で実施しないと、バブルが発生する。なぜなら格差社会では、貨幣は社会全体に行き渡らずに、富裕層に集中するからである。富裕層は、自動車や家電製品などの工業製品を、全て既に所有している。よって彼らは、増えた収入を株や土地に投資する。それにより株価や土地価格が実態価格と乖離して上昇し、バブルが発生する。バブルは必ずはじける。バブル崩壊により、多くの企業が倒産し、大量の失業者が発生する。バブル崩壊後に到来するのは、長期大不況である。よって格差是正は、バブル発生を防止し、貨幣流通量増加政策を効果的に行う上でも必要不可欠である（金子［2010］四～一二頁）。

それでは、上記のケースA～Cは、果たして、現実の社会で検証できるのであろうか。本章では、こうした仮説を、二十世紀後半の日本を中心に、検証する。

2　近代日本の経済成長と工業化

周知のように、近代日本は、一八九〇年代に産業革命を達成し、工業国家となった。第二次世界大戦以前に工業国家となることができたのは、欧米諸国以外では、日本だけである。この理由も、上記A～Cによって説明可能である。

ところで、近年の日本経済史の研究では、明治期の工業化を、江戸時代後期の経済の延長線上にあるとみなす。つまり、江戸後期と明治時代を経済史上の一つの時代とみなす。明治維新前後で時代を分ける歴史観は、あくまでも政治史を基準とした枠組みであり、経済史研究は、そうした政治史的時代区分から解放されなければならないとされる（浜野他［2009］「はじめに」iv～v頁）。

その時代の始期については、将軍家斉（いえなり）が君臨した大御所時代の一八二〇年代以降とみなすもの（速水・宮本［1988］、新保・斉藤［1989］など）、一七九〇年前後の寛政改革（一七八七～九三年）とみなすもの（金子［2010］序章、金子［2011］第一章）、田沼意次が幕政の実権を握った田沼時代（老中在任は一七七二～一七八六年）とするもの（井奥［2009］）、宝暦期（一七五一～六四年）から天明期（一七八一～一七八九年）にかけての時代とするもの（杉山［2012］九七頁）など諸説がある。

結論を先に述べると、日本は江戸時代の間に、前述のA1からC2までの全ての条件を満たしていた。時代順に、簡単に説明しよう。

近年の日本経済史の通説によると、江戸時代の日本は、税が軽かった（上記のB3に相当）。農民の年貢負担は、幕府領では形式上は四公六民であった。だが、江戸時代前期の十七世紀にコメ生産量が増加したにもかかわらず、納めるコメの量は変化しなかったため、江戸時代中期に当たる十八世紀以降は、幕府領では実質的には二公八民となった。つまり、税率は二〇％前後となった（金子［2008］一九九～二〇〇頁）。ちなみに、現在の日本では、課税所得四〇〇万円の世帯の所得税と住民税の税率は合計三〇％である（金子［2010］六頁）。江戸時代は地方分権体制のため、居住する藩によって違いがあるものの、一般論として、江戸時代は税負担の軽い大衆軽税社会であった。

十七世紀から十八世紀にかけて、乳幼児死亡率が激減した。栄養状態や公衆衛生の改善などの理由による（C1）。地域によっては、一世紀の間に、乳幼児死亡率が四分の一にまで低下した。十八世紀になると、少産少死社会となった（金子［2008］一四六〜一四七頁）。

江戸時代の日本は、一七六〇〜八〇年代頃以降、徐々に規制緩和が進行した（A2）。多くの在方商人が経済活動の自由を求め、町方商人の専売特権や流通・売買規制の廃止などを次々に代官所等に訴え、反対運動を展開した。多くの場合、幕府や藩は、彼らの訴えを受け入れた（正田［1990］三〇九〜三一五頁）。

米国独立革命（一七七五〜八三年）やフランス革命（一七八九〜九九年）とほぼ同じ時期、大規模な江戸打ちこわしに衝撃を受けた幕府は、貧困層の救済を目的とした寛政改革（一七八七〜九三年）を実施した（B4）。都市部では七分積金、農村部では郷蔵と呼ばれるセーフティーネットを構築した。それらの資金は富裕層に負担させた。そのため、格差が縮小した。寛政改革の主要政策は、「仁政の基本」とされて幕末まで維持された。一八五〇年代のジニ係数は、推定〇・三五二〜〇・三九二である。それに加えて、寛政改革では、抜本的な少子化対策が行われた（C2）。なぜなら、十八世紀の日本では、穀物需給の逼迫により穀物価格が上昇したため、貧困層を中心に少子化が進み、人口が減少していたからである。具体的には、一七二一年から一七九二年にかけて、日本全体で五％、東北地方と関東地方は、それぞれ一六％ずつも減少した。そこで徳川幕府は、抜本的な少子化対策として、小児養育手当を導入した。この制度は、貧困層に対し、収入に応じ最大で、下層世帯の母親の年収三年分ほどのコメや現金を支給する制度である。この制度により少子化は止まり、一八二〇年代を境に、日本の人口は増加に転じた（金子［2010］三八〜四七頁、金子［2011］九〜一三頁、及び本書第四章参照）。

一八二〇年代に、幕府は貨幣発行量を増加させ、財政支出を拡大した（B2）。小判の金の含有量を減らすことなどで貨幣発行量を増加させ、その貨幣を用いて財政支出を拡大したのである。その結果、一八二〇年代の幕府の年平均歳出額は、一八〇〇年代の二倍強となった。金銀銭の合計額は、一八一八年から一八三二年にかけて約四割増加した（本書第四章参照）。つまり、貨幣流通量が増加した（B1）。

一八二〇年代より日本は、継続的な経済成長を開始した。なぜなら、規制緩和（A2）、貨幣流通量増加（B1）、財政支出拡大（B2）、大衆軽税政策（B3）、貧困解消（B4）と格差是正、人口増加（C1とC2）が出そろったためである。

一八五九年には横浜を開港し、自由貿易を開始した（A1）。自由貿易により、比較優位に基づく国際分業体制が構築され、日本の国内産業は効率的に再編された。例えば、インドなどから綿花を輸入するようになったため、国内の綿花生産は最終的に消滅した。綿花を栽培していた農地は、コメ生産や、桑栽培に転換した。コメ生産の増加により、十八世紀以来慢性化していた穀

表3　江戸時代における経済成長に必要な諸条件

政策／時代		1700-50	1751-1800	1801-50	1851-67
ケースA：BHN価格低下政策	A1　自由貿易				○
	A2　規制緩和		○	○	○
ケースB：可処分所得増加政策	B1　貨幣流通量増加			○	○
	B2　財政支出拡大			○	○
	B3　大衆軽税政策	○	○	○	○
	B4　貧困解消		○	○	○
ケースC：人口増加政策	C1　死亡率低下	○	○	○	○
	C2　出産数増加		○	○	○

（注）○は改善もしくは良好。

物需給の逼迫が、緩和した。それにより、近代日本の人口は増加し続けた。桑は、生糸生産に必要不可欠なものであり、生糸生産量は桑生産量の制約を受ける。桑生産の増加により、生糸生産量も増加した。その結果、日本の生糸輸出量は一九〇九年に中国の輸出量を上回り、世界最大の輸出国となった。当時、日本と中国にとって、輸出額第一位の商品が生糸であった。総輸出額に占める生糸の比率は、日本は三六％で、中国は二〇～三四％であった。日本は生糸輸出によって得た外貨で、欧米諸国から機械類を輸入し、工業化を進めた（金子［2010］四七～五〇、六一～六三頁）。

このように、一八六八年に明治政府が誕生する以前に、日本は、経済成長と工業化に必要な経済的諸条件を、全て満たしていた。つまり、（A）BHN価格低下、（B）大衆可処分所得増加、（C）人口増加、の三点を全て満たしていたのである。よって、一八九〇年代の日本産業革命は、江戸時代、特に一七六〇年代から一八五〇年代にかけて準備されたものであった（表3参照）。

3　戦後日本の高度成長

前述のように、日本は、一九五五年から一九七三年にかけて、実質経済成長率が年平均九・二％の高率の経済成長を実現した。特に、六一年から七〇年にかけての年平均成長率は一一・二％と高率であった。日本のＧＮＰ（国民総生産）は、一九六五年においては、米国、西ドイツ、英国、フランスに次いで、自由主義諸国の中で第五位であったが、六八年には、米国に次ぐ世界第二位の経済大国となった（牛島［2009］二六〇頁、春日［1993］一六六頁、安場・猪木［1989］二三頁）。

一九五五年は、自由民主党政権が誕生した年である。一九七三年は、第一次石油危機が発生した年である。第一次石油危機の原因は、同年十月に勃発した第四次中東戦争である。結論を先に述べると、戦後日本の高度成長は、自民党政権による諸政策によって実現したものである。そしてその終了は、石油危機に直面した日本政府の経済失政によるものである。

一九五五年十一月、自由党と民主党はそれぞれ解党した上で、自由民主党を結成した。自民党初代総裁は鳩山一郎首相である（五六年四月に総裁就任）。自民党政権は、経済部門の目標として、完全雇用実現、社会保障充実、格差是正の三点を掲げた（河野［2010］）。

この三点を目指す目的は、貧困解消である。労働可能な者には職を提供し、それにより貧困から脱出させる。これが完全雇用の目的である。高齢者や障害者などの労働不可能な者に対しては、社会保障によって貧困から脱出させる。これが社会保障の目的である。全ての国民が、近代的で人間らしい生活を享受できるようにする。これが格差是正の目的である。

このように当時の自民党は、上記B４の貧困解消に関わる政策を、最重要目標としていた。その理由は、合併時の議席数にある。一九五五年二月の総選挙で、民主党は一八五議席、自由党は一一二議席であった。両党とも、憲法改正や国防力強化を目指す点では、政治的に保守タカ派であった。だが、経済政策では大きく異なっていた。自由党が資本家や企業経営の自由を重視するのに対し、民主党は、労働者の雇用と国民の生活水準向上を、重視していた。その経済的にリベラルな旧民主党議員が、新政党の六二％を占めていた。その後、旧自由党系の首相が誕生してからも、労働大臣は、一九六〇年代を通じて一貫して旧民主党系であり、雇用や賃金、社会保障を重視する政策が続いた。

自民党政権は、完全雇用を実現するために、高率の経済成長を目指した。一九五五年に、日本政府として初めて、長期経済計画を閣議決定した。五九年には「国民所得倍増計画」の検討を開始し、六〇年に閣議決定した。同計画は、一〇年間で、一人当たり消費支出を二・三倍に、GNPを二・七倍にすることを目標とした。その結果、六〇年代初頭には完全雇用を実現した。六八年のGNPは、六〇年の二倍を超えた（河野［2010］一六四～一七〇、二〇六頁、武田［2008］七四～八〇頁）。自民党政権は、長期経済計画を、ほぼ目標通り実現した。

社会保障の充実は、国民皆保険の実現を最優先目標とした。日本で最初の健康保険法が成立したのは一九二七年であったが、その当時の保険加入者数は、国民のわずか三%であった。自民党政権は、一九五八年に国民健康保険法を拡充し、六一年には国民皆保険を実現した。それにより、全国民が公的な健康保険に加入した。そして七三年には、老人医療費無料化や、月五万円を支給する年金制度改革などが行われ、社会保障がさらに充実した（河野［2010］一七一～一七三、二五四頁）。

格差是正は、工業部門と農業部門、都市部と農村部、地域間格差、大企業と中小企業の賃金格差などの是正を目指した。そのうち、特に自民党政権が力を注いだのが、都市部と農村部の格差是正である。

自民党政権は、地方、とりわけ農村で、道路建設を中心とした公共事業を、積極的に行った。それにより、地方住民の所得が上昇した。なぜなら、そうした公共事業で雇用されたのが、農家の男性だったからである。

この時期に、日本の農村では、兼業農家が急増した。兼業農家とは、農業を行いつつ、農業以外の職業に就いて収入を得る農家のことである。兼業農家は第一種兼業農家と第二種兼業農家に分類される。前者は、農業収入が農業外収入を上回る農家で、後者は農業外収入の方が多い農家のことである。農家数に占める第二種兼業農家の比率は、一九五五年の二八%から、七三年には六一%へと、二倍以上に増加した（牛島［2009］二七七頁）。

その結果、家電製品の普及率も大いに高まった。例えば、農村部における電気冷蔵庫の普及率は、六四年においては一五％で、都市部の六六％と比べて大幅に低かった。だが七〇年には八三％にまで上昇した。洗濯機の普及率も六四年の四七％から七〇年には九〇％となり、都市部との格差は、ほとんどなくなった（武田［2008］一七三～一七四頁）。

ちなみに近年の兼業農家比率は、専業農家二〇％、第一種兼業農家一三％、第二種兼業農家六七％である。このように、兼業農家が多いことが、現代日本農業の特徴である。外国の多くには、こうした傾向はない。例えば隣国の韓国は、気候的、地質的、植生的に日本と類似しており、ゆえに、日本と同様に水田稲作が農業の主流である。だが、韓国農業の兼業化率は低く、兼業農家の比率は三割強である。つまり、現代日本農業の高率の兼業化率は、自民党政権の経済政策によって、人工的に生み出されたものなのである（金子［2008］九〇～九二頁）。

この第二種兼業農家は、俗に「三ちゃん農業」と呼ばれている。子供の視点から見て、じいちゃん（祖父）、ばあちゃん（祖母）、かあちゃん（母）の三人が農業を行い、父は同じ家に住んでいるにもかかわらず、農業以外の職業に就いている。そして、「父」が主として就いているのが建設業である。上記のように、七三年になると、実に六割以上の農家が、農業収入を超える収入を、建設業などから得るようになった。

自民党政権により、乗用車が通行しやすい道路が、地方にも整備された。地方住民の所得が、自家用車を購入できるほどに上昇した。地方でも、家電製品に加え自動車の販売が増加するようになった。それにより、自動車の国内市場が拡大し、自動車工業が成長した。二十世紀後半の日本のリーディング産業は、自動車工業であった。なぜなら自動車工業は、波及効果が極めて大きいからである。自動車一台の重量はおよそ一トンもある。ゆえに自動車工業の成長に伴い、鉄鋼、非鉄金属、ガラス、ゴム、プラスチック等を自動車メーカーに供給している素材メーカーも販売額が増加し、成長した。しかも各産業は、生産力を強化するために、新規工場の建設などの設備投資を積極的に行った。それにより、さらに鉄鋼業や機械工業などが成長し、それらの産業で設備投資がさらに行われた。つまり、投資が投資を呼ぶ状態となり、日本経済全体が発展した（金子［2010］二四〜三二頁、牛島［2009］二六二〜二六三頁）。

次に、貧富の格差是正を検討しよう。一九五七年に、自民党第三代総裁で旧自由党系の岸信介が、首相に就任した。彼が掲げたスローガンが、「汚職、暴力、貧乏の三悪追放」である。汚職とは政治家の汚職のことである。暴力とは、労働組合の暴力行為のことである。つまり、労働組合は合法的に活動せよ、との主張である。貧乏の追放とは、全国民へ社会保障を提供することによって、貧困を解消するということである（武田［2008］五一〜五二頁）。旧自由党系の岸信介首相が貧困解消に取り組んだのは、党内からそれを求める圧力が強かったからである（河野［2010］一七一頁）。

池田勇人は、一九六〇年に首相に就任した。首相就任前の五九年から、彼の意見により検討が始まったのが「国民所得倍増計画」である。のべ二〇〇〇人の専門家を動員して十一ヶ月間かけて策定された（武田［2008］七八頁）。この計画のアイデアの源泉は、五九年一月の読売新聞に掲載された中央労働委員会の中山伊知郎会長の論文にある。中山は、生産性を二倍以上に引き上げることで労働者の賃金を二倍にし、それにより福祉国家を建設することを主張した。その論文に感銘を受けた池田が、月給二倍論を主張するようになり、それが同計画として結実したのである（保阪［2013］二九～三二頁）。よって同計画は、高賃金政策による貧困解消政策といえる。

ところで戦後の日本では、労働者派遣事業が禁止されていた。これは、労働者の中間搾取を禁止することによる高賃金政策といえる。だが一九八六年に一部解禁となり、一九九九年に原則的に自由化された。それ以降、派遣労働者は、賃金の半分、酷い場合には四分の三も、派遣会社に中間搾取されるようになった。近年の日本でワーキング・プアが増加したのは、こうした政策が一因である。ちなみに日本の全世帯に占めるワーキング・プア世帯の比率は、一九九七年の一四％から二〇〇二年には一九％へと増加した（金子［2008］五三頁）。厚労省による二〇一二年の調査では、年収三〇〇万円以下の低所得世帯は、全世帯の三二％を占める（厚労省［2012b］）。

だが幸いなことに、労働者派遣法は二〇一二年十月に一部改正された。この改正により、派遣会社に、中間搾取率（いわゆるマージン率）の情報公開が義務化された（厚労省ホームページによる）。この法改正により、七〇～八〇％といった異常な中間搾取を行う派遣会社は、市場によって淘汰されるはずである。逆に言えば、一九九九年から二〇一二年まで、派遣労働者は、自分がどの程度の中間搾取をされているのかについて、知る権利を奪われていた。労働者派遣法は、労働市場の規制緩和の名の下に、導入されたものである。だが実際には、労働者が一方的に不利になる規制が、規制緩和と称して実施されていたのである（二〇一七年現在、マージン率は、三〇％前後から五〇％前後の派遣会社が多いようである）。

話を戻そう。格差是正は、税制によっても、強力に推進された。戦後の日本では、一九七〇年代までは、富裕層への課税が非常に重かった。具体的には、所得税と住民税の最高税率の合計は、一九八三年までは課税所得の九三％であった。日本では今も昔も、個人に対する税額控除額は、米国などと比べると、わずかしか認められていない。よって、極めて重い課税である。また、相続税の最高税率は、八七年までは七五％である。その後、所得税と住民税の最高税率の合計は、八四年以降、徐々に引き下げられた。八九年には六五％となり、九九年には五〇％となった。相続税の最高税率は八八年以降段階的に引き下げられ、二〇〇三年には五〇％となった（金子［2010］五～六頁）。そして八九年からは、大衆増税に当たる消費税が導入された。

よって日本の税制は、八〇年代以降、経済成長にマイナスの影響を与えている。逆に言えば、七〇年代までは大衆軽税国家であった。例えば、日本のGDP比の租税負担率と社会保障負担率は、一九六五年が一四・二％と四・〇％で合計一八・二％で、一九七五年は一四・八％と六・〇％で合計二〇・八％であった。だが一九八五年には一九・一％と八・三％で合計二七・四％と急増し、二〇〇七年は一八・〇％と一〇・三％で合計二八・三％である（神野［2013］一九三頁）。しかもこ

したがって、一九六〇年代から七〇年代の日本は、大衆軽税国家であった（B3）。しかもこ

の軽税路線は、自民党政権の強い意志に基づくものであった。自民党第二代総裁である石橋湛山首相（首相在任は一九五六年十二月〜五七年二月）が掲げた「一千億円減税」が代表的なスローガンであるが、その後もその精神は受け継がれ、一九六〇年には、税制調査会が、国民所得に対する税負担の割合を二〇％程度の線で抑えることを基本目標とし、減税政策を続けるべしとの答申を発表している。そして政府は実際に、毎年のように所得税の基礎控除や配偶者控除の額を引き上げ、大衆減税を繰り返した。具体的には、所得税の諸控除の総額は、一九六二年に二四六億円だったが、六六年に一〇一三億円、七三年に三三四八億円と急増した（香西［1989］一二二〜一二五頁）。

一九八〇年代からは残念なことに、前述のように国民負担が急増した。八〇年代以降は富裕層への減税が繰り返されているため、富裕層への減税を大衆増税で埋め合わせているといえる。なお、一九九〇年前後の日本のバブルは、富裕層減税によって格差を拡大しつつ、金融緩和を実施したために発生したものである（金子［2010］五〜六頁）。

終戦後から一九八〇年代初頭までの日本は、富裕層から多額の税を徴収し、その資金を用いて大衆の負担を軽減していた。そのため、格差の大きさを示すジニ係数は、戦前期と比べて、非常に低かった。戦前期のジニ係数は、産業革命期の一八九〇年代は〇・四三二だったが、その後は徐々に拡大した。特に第一次大戦後は急拡大し、一九二三年〇・五三〇、三〇年〇・五三七、三七年〇・五七三と拡大し、戦争に突入した。一般的に、ジニ係数が〇・五を超えると、革命、内戦、対外戦争が発生しやすい危険水域だとされる。その後、総力戦体制下で格差は縮小し、さらに終戦後は、一九四六年から五一年にかけて実施された財産税、五〇年から五二年に実施された富裕税などにより、格差が縮小した。その結果、一九五六年のジニ係数は〇・三一三であった。その後、工業化の進展によって、都市部と農村部の格差が拡大し、再び格差は拡大した。だが自民党の格差是正策により、格差は縮小した。具体的には、六二年〇・三七六、六八年〇・三四九、七四年〇・三四四、八〇年〇・三三七である（南［2000］四四〜四六頁）。なお、一九八〇年代以降、格差は一貫して拡大しており、厚労省の二〇〇六年の調査では、〇・三九八まで上昇している（金子［2010］四六頁）。

続いて、貨幣発行量・流通量（B1）について検討しよう。

第二次世界大戦後、米国の主導で、ＩＭＦ（国際通貨基金）や世界銀行が設立され、金一オンスを三五ドルとする平価が決められて、金と交換できる米国ドルが国際通貨となった。日本円をはじめ各国の通貨は、固定相場制によって、米国ドルとリンクしていた。日本円は、一ドル＝三六〇円で固定されていた。この国際経済体制は、ブレトン・ウッズ体制と呼ばれる。だが一九七一年に、ニクソン米国大統領は、金とドルとの交換停止を、一方的に宣言した。いわゆるドル・ショックである（金子［2011］三七〜三八頁）。その後、米国や日本などの先進国は、七三年に変動為替相場制に移行した。

つまり、一九七一年まで、世界は、事実上の金本位制であった。金本位制の下では、兌換紙幣は中央銀行の金保有量に基づいて発行される。よって、七一年以前の日本の貨幣発行量は、日本銀行が保有する金、及び金と交換可能な米国ドルの量に制約されていた。よって七一年までは、日本の貿易黒字（正確には経常収支黒字。だが当時の日本は、経常収支黒字の大部分は貿易黒字であった）が増加すれば、日本銀行のドル保有量が増え、それに従い円紙幣発行量も増えるという連関が存在した。つまり、七一年以前においては、貿易黒字の増加は、貨幣発行量の増加に直結したのである。

具体的に検証してみよう。一九六〇年から七〇年にかけて、日本の外貨準備高は、一八億二四〇〇万ドル（六五六六億円）から四三億九九〇〇万ドル（一兆五八三六億円）へと二・四倍に増加した。それに伴い、日銀貸出残高は五〇〇〇億円から二兆三五三〇億円へ四・七倍に、マネーサプライ（M2）は一〇・四兆円から五四・二兆円へ五・二倍に増加した（香西［1989］二二六〜二二八頁）。

次に、財政支出拡大（B2）を検討しよう。一般会計予算は、一九五五年、六〇年、六五年、七〇年の順に、九九一五億円、一兆五六九七億円、三兆六五八一億円、七兆九四九七億円と、急増した。五年ごとの増加率は、順に、一五八%、二三三%、二一七%である（香西［1989］二五〇頁）。一九六〇年代は、五年ごとに国家予算が二倍以上に増加しており、一〇年間で約五倍に急増している。さらに、郵便貯金や簡易生命保険を財源とする財政投融資も、一九五五年度の三〇〇〇億円弱から七五年度の一〇兆円弱まで、急増している（香西［1989］二二五頁）。

それでは、自由貿易（A1）について検討しよう。

一九六〇年六月、岸内閣は「貿易為替自由化計画大綱」を定め、輸入自由化を大幅に進めることを決定した。その理由は、国民生活の向上と、日本経済全体の利益のためである。なぜなら自由化により、第一に、企業は国際水準の合理化努力を要求され、それにより非能率性や不合理性が排除されるからである。第二に、低廉な海外原料の入手が容易になり、生産コストが低下するからである。その結果、低価格の商品が大量に生産・販売されるため、それは大衆の利益となる。商品価格が低価格であっても、それは生産コストの低下によるものなので、企業は充分な利益を上げることができる。よって、多くの株式を所有する富裕層も利益を得る。このように自由貿易は、雇用対策によって失業者の発生を防げば、大衆と富裕層の双方に利益をもたらす。

岸内閣は、具体的な目標として、全商品の品目数に占める輸入自由化品目の比率を、一九六〇年の四〇％から、六三年に八〇％に引き上げることにした。この輸入自由化計画は、池田内閣でさらに加速された。そのため、輸入自由化率は、六三年に八九％に、六四年に九三％に拡大した。六四年における残存輸入制限品目数は、工業品六九品目、農産物六七品目の合計一三六品目だけとなった。その後も自由化は促進され、七四年には三二品目（うち、農産物二四品目）にまで減少した（原田・香西［1987］一四一～一四二頁、武田［2008］一二九～一三一頁）。

次に、規制緩和（A2）について検討しよう。

日本は諸外国と比べて、一貫して規制の少ない国であった。十九世紀から二十世紀にかけて、一時期を除いて、日本は長期間に渡って経済成長し続けた。それこそが、規制やレント・シーキングが少ない国だったことの証明である（原田・香西［1987］）。

レント・シーキングとは、政治的な手段で利益を得る活動のことである。その例としては、政府による各種規制の実施、一部企業への営業特権付与や補助金支給、それに保護関税などが挙げられる。規制が多く、それゆえにレント・シーキングが盛んな国では、大企業は、有力政治家や政府高官に対し、政治献金や賄賂を提供し、その見返りに、自社に都合の良い保護や規制を獲得する。そのような国では、商品の品質は向上せず、技術開発も進まない。なぜなら、高品質低価格の新商品を開発・生産しても、政府の規制によって販売を禁止されてしまえば、商品の品質向上や新製品開発に投入された資金が無駄になってしまうからである。一方、規制が少なく、ゆえにレント・シーキングの少ない国では、企業は、市場を通じて利益を獲得しようと努力する。市場で大きな利益を獲得するためには、消費者により大きな便益を提供し、その見返りに利益を得るしかない。そのため多くの企業は、商品の品質向上や新製品開発に多額の資金を投入するようになる。こうして、規制とレント・シーキングの少ない国は経済成長を遂げ、多い国は経済が停滞する。そして前述のように、日本では、江戸時代後期から、規制緩和が進行した国である。言うまでもなく、総力戦体制下では多くの規制が設けられたが、それらの多くは終戦と共に緩和された。さらに、戦後統制経済の運営にあたった経済安定本部が一九五二年に解消されるのと同時に、多くの規制が撤廃・緩和された。

では、一九九〇年代以降の日本で、盛んに主張された規制緩和とは、いったい何だったのか。それは既に明らかなように、規制緩和のスローガンの下に進められたレント・シーキングであった。最も酷い例としてしばしば指摘されるのが、ガン保険分野の規制実施である。米国系保険会社がシェアを拡大できるように、規制緩和の名の下に規制を実施し、日本の国内市場から、日本企業を六年間に渡って排除し続けた（金子［2008］五九頁）。冷戦時代の米国は、自由主義諸国のリーダー国として、公正な自由貿易の推進に努めた。日本は、その恩恵を受けた。だが米国は、ソ連崩壊後、自国の国益のため、日本を始めとした諸外国に対し、自由貿易や規制緩和の名の下に、不公正貿易や不公正な規制の実施を押しつけるようになった。こうした国際環境の変化も、一九九〇年代後半以降の日本経済停滞の一因である。

次に、ケースCに関わる人口問題に関する政策について説明しよう。日本の歴史上、人口増加期は四回ある。その四回目が、一八二〇年代から一九六〇年代頃までの期間である。一九五五年から七三年にかけては、日本の人口は八九二八万人から一億九一〇万人へと、二〇〇〇万人近くも増加した（矢野記念会編［2013］三五頁）。

前述のように、一八二〇年代の人口増加への転換は、江戸幕府による少子化防止政策が契機である。同様に、一九七〇年代から現在まで続く少子化は、日本政府による人口削減政策が契機である。

詳しく説明しよう（鬼頭［2011］二七～二九頁）。一九七四年に戦後二回目の人口白書が編纂された。その人口白書で掲げられた目標が、静止人口であった。つまり、人口増加を阻止することが目標とされた。その理由は、人口増加によって失業者が増加するのではないかと考えたからである。つまり、トマス・ロバート・マルサスが『人口論』で唱えたような状況が発生するのではないかと、恐れたのである。特に、一九七三年の石油危機と、それに伴う日本政府の経済失政によって、七四年は経済成長率がマイナスに転落していた。石油の高騰は、永続的な現象だと思われた。そのため、日本の高度成長は、今後は不可能だと思い込んでしまった。高度成長による完全雇用維持が不可能ならば、どのようにして完全雇用を維持すればよいのか。

その時政府の出した答えが、人口削減による労働者の削減である。そこで日本政府は、合計特殊出生率を二・〇に引き下げることを目標とした。ちなみに、合計特殊出生率が二・〇七の場合、人口が維持される。二・〇に引き下げれば、二〇一〇年の一・三億人で日本の人口はピークに達し、二〇一一年以降は人口が減少すると試算された。日本政府は、マスコミを利用して「子供は二人まで」というキャンペーンを大々的に行った。その結果、合計特殊出生率は七五年に二・〇を下回り、その後一貫して下がり続けた。そして、政府試算の二〇一一年を六年も前倒しして、二〇〇五年より日本人の人口は減少し始めた。

このように、石油危機を期に、当時の日本政府は、愚かな人口政策を選択したのである。

それでは、自由貿易などのBHN価格低下政策（ケースA）や、貧困解消などの大衆可処分所得増加政策（ケースB）により、当時の日本では、大衆の消費はどの程度増加したのか。既に

Kaneko 2009で明らかにしたことなので、簡単に述べよう。

都市部の世帯の家計を分析したところ、一九六〇年を一〇〇とすると、七〇年における指数は、総所得が二八二で、総消費額が二六五、食料費が二一八、住居費が一五四であった（Kaneko 2009, p.242. Table 13.9）。

前述のように、一九六〇年代の一〇年間に、マネー・サプライ（M２）と一般会計予算が五倍に増加しているので、それに比べれば伸び率が低いとも言えるが、総所得が三倍近くに増加したのは、貧困解消などの大衆可処分所得増加政策（ケースB）による成果である。

労働者の所得の上昇率と比べると、食料費や住居費の上昇率は低い。だが、豚肉消費量は三倍以上に、鶏肉消費量は四倍以上に増加している。つまり、大衆の栄養状態や食生活は大幅に向上した。その一方で、コメ消費額はほとんど増加しなかった。当時の日本は、コメに関しては自由貿易の対象外で輸入禁止である。そのため、農家の人件費の上昇に伴い、この期間に一〇キログラム当たりの国産米価格は六八％も上昇した。にもかかわらずコメ消費額が増加しなかったのは、高価格のコメの消費量を減らし、代わりに低価格の輸入小麦の消費量を増やしたからである。量に換算すると、コメ消費量を約四割減らし、その分を小麦に置き換えた。なお、この時期の輸入小麦価格はほぼ一定で、一〇年間で二％しか上昇していない（Kaneko 2009, p. 241. Table 13.7）。

この時期は、国際小麦価格が安定していた。国際市場における一トン当たりの輸入価格は、一九六一年も一九七〇年も七二ドルである。この一〇年間における最高価格は六四年の七六ドルで、最低価格は六五年の七一ドルである（ＦＡＯデータベース）。その結果、国産米と輸入小麦の価格差は拡大し、一九六〇年から七〇年にかけて、一〇キログラム当たりの輸入小麦価格は、国産米価格の四九％から二九％へと低下した（Kaneko 2009, p.241. Table 13.7）。

つまり、日本の大衆は、農産物自由貿易の成果を積極的に活用して、生活費を節約した。このように、自由貿易（Ａ１）の成果が明確に見て取れる。

ところで、日本の全人口に占める都市部の人口は、一九六一年が四三％で七一年が五三％であり、一〇年間で約一五〇〇万人も都市人口が増加した（Kaneko 2009, p.238. Table 13.6）。建設労働者の日給は、一九六〇年の六二八円から七〇年には二三〇五円へと三・七倍に上昇した（Kaneko 2009, p.241. Table 13.8）。つまり、都市人口が急増したため、一五〇〇万人分の住居を新たに建設しなければならなかった。そのため、建設労働者の賃金が、一般の労働者以上に急上昇したのである。にもかかわらず、住居費は一・五倍にしか増加していない。

これも、自由貿易の成果である。木材の輸入自由化により、低価格の輸入木材を利用して、労働者用の低価格賃貸住宅を大量に生産したのである。特に、一九六〇年と六五年の月間住居費は、二七九〇円から二四四八円へと低下した（Kaneko 2009, p. 242. Table 13.9）。これは、前述のように、この時期に大規模な輸入自由化が推進されたからである。

もっとも、木材の自由貿易には、マイナス面もある。森林破壊である。当時の日本は、主としてフィリピンから大量の木材を輸入した。その結果、フィリピンでは森林の再生能力以上の伐採

表 4　高度成長期における経済成長に必要な諸条件

政策		状況とコメント
ケース A： BHN 価格低下政策	A1　自由貿易	◯　岸内閣以降大幅自由化
	A2　規制緩和	◯　経済安定本部解消（52 年）
ケース B： 可処分所得増加政策	B1　貨幣流通量増加	◯　60 年代に 5 倍に増加
	B2　財政支出拡大	◯　60 年代に 5 倍に増加
	B3　大衆軽税政策	◯　石橋内閣以降顕著に
	B4　貧困解消	◯　鳩山内閣以降顕著に
ケース C： 人口増加政策	C1　死亡率低下	◯　人口 2000 万人増加
	C2　出産数増加	◯　人口 2000 万人増加

（注）◯は改善もしくは良好。

が行われ、森林面積は国土の二〇％以下となった。伐採跡地の多くが荒廃して草地と化したため、国土の三〇％以上が草地となってしまった（金子［2008］一三八頁）。一方、日本では、国産木材の価格が大幅に下落したために、日本の人工林の多くは、森林経営が赤字に転落し、現在に至っている。その結果、多くの私有林では間伐などの森林整備が行われず、森林は荒廃し、土砂崩れの一因となっている。つまり、木材の自由貿易により、輸出国のフィリピンと、輸入国の日本の双方で、環境が劣化したのである。

話を戻そう。一九六〇年代の日本では、大衆の所得は増加した。つまり上記のケースBが実現した。同時に、自由貿易の成果により、食料費や住居費の実質価格が低下した。すなわち、BHN価格が低下した。上記のケースAが実現したわけである。では、ケースAとケースBが同時に実現した当時の日本の大衆は、浮いた資金を何に使用したのか。それは、第一に貯蓄、第二に教育、第三に家電製品の購入である（Kaneko 2009, p.242. Table 13.9）。一九六〇年から七〇年にかけて、貯蓄は四・六倍に、教育費は二・五倍に、月賦掛買払いは二倍に増加した。なお、当時は、家電製品を月賦掛買払いで購入することが多かった。

このように、一九六〇年代の日本において、ケースAとケースBは実現していた。また、前述のように人口が増加しているため、ケースCも実現していた。よって、一九六〇年代前後の日本では、ケースA〜Cの全て、すなわち、BHN価格の低下、大衆の可処分所得の増加、人口増加の三点が、同時に実現していた（表4参照）。それにより、急速な工業化の進展による高度成長が実現し、日本は先進工業国に成長した。

最後に、高度成長に終止符を打った第一次石油危機と経済失政について検討しよう。

周知のように、石油危機とは、OPEC（石油輸出国機構）が政治的理由で引き起こしたものである。第一次石油危機では、原油価格を一バレル二ドル前後から十一ドル前後へと一気に引き上げた。これにより、日本経済は大打撃を受けた。なぜなら、日本は石油自給率がほぼ〇％に近いにもかかわらず、効率性を求めて、一九六〇年代に、主要な燃料を石炭から石油へ転換していたからである。

具体的には、エネルギー総供給量に占める比率は、一九五三年は石炭が四八％で石油が一五％であったが、一九七三年には一六％と七七％へと大きく逆転していた（中村［1993］一八七頁）。発電所の主流は石炭から石油に転換していたため、電気代が上昇した。輸送の主流は、電気を用いる鉄道から、石油を燃料とするトラック輸送へと転換していたため、商品の輸送費が上昇した。

具体的には、日本国内の自動車と鉄道の輸送トンキロの比率は、一九五〇年が、それぞれ八％と五二％であったが、六〇年には一五％と三二％になり、七〇年には三九％と一八％となった（猪木［1989］一二三頁）。

その結果、多くの商品の価格が上昇した。具体的には、一九七四年の消費者物価は二三％上昇した。インフレ対策として、中央銀行である日本銀行は厳しい金融引き締めを実施したため、七四年の実質経済成長率はマイナスに転落した（牛島［2009］二八四～二八五頁）。

ＢＨＮ商品の価格が上昇すれば、生きるために必要な出費が増加するため、大衆は生活が苦しくなる。そうした時に、日本政府は、愚かにも貨幣発行量を減少させた（当時は現在と異なり、日銀への命令権を大蔵大臣が保有していた）。貨幣発行量が減少すれば、貨幣流通量も減少し、デフレ不況に陥る。そのため、民間企業従業員や自営業者の収入が減少する。彼らは生活がさらに苦しくなるため、ＢＨＮ商品購入以外の消費を大幅に削減する。それにより、多くの企業の売り上げが激減し、成長率がマイナスとなったのである。インフレ対策の真の目的は、大衆の生活苦の緩和である。だがこの時の日本政府は、真の目的を見失い、目先のインフレ収束に執着したため、結果的に多くの国民を苦しめた。まさに、経済失政である。

高度成長の終焉は、上記Ｂ１の貨幣流通量増加政策に反する政策を実施したことによるものであった。

4　今後の展望　日本効果とアジアの高度成長

日本経済は、一九七五年から再びプラス成長となった。七四年から、バブル経済崩壊の年である九一年までの実質経済成長率は、年平均三・七％である（牛島［2009］一五五頁）。

この期間において最も重要な出来事が、一九八五年のプラザ合意である。これによる急速な円高の進行は、日本経済のみならず、アジア経済、世界経済に、大きな影響を与えた。八五年以降、多くのアジア諸国が高率の経済成長を開始したが、これはプラザ合意が契機である。

だが、もはや紙幅が尽きたため、アジア諸国の高度成長については、別稿を用意することとしたい。

今後の展望について簡単に述べると、以下の通りである。

一九八五年以降、多くのアジア諸国が高率の経済成長を開始したが、この現象は「日本効果」と呼ばれる（渡辺・岩崎［2001］二三三頁）。この見解は、日本企業の工場移転を重視するものである。一九八五年のプラザ合意によって急速な円高が進行したため、多くの日本企業が、低賃金労働者を求めて、アジア諸国へ工場を移転させた。一方、アジア諸国は、輸入代替工業化政策から、輸出指向型工業化政策に転換し、各種の規制緩和や自由化を進めて、日本企業をはじめとした外国企業の工場を誘致した。

それにより、第一に、アジア諸国では雇用が増加した。雇用の増加は、波及効果によって、国民所得全体を大きく増加させる。第二に、生産された工業製品は、日本や米国などに輸出されたため、アジア諸国は貿易黒字を得た。アジア諸国は、ドルと自国通貨を固定化、もしくはほぼ固定化している国が多い。つまり、金本位制ならぬドル本位制とも言うべき体制である。よって、外貨準備高が増加すれば、自国通貨の発行量も増加する。それは、貨幣流通量増加の前提条件が整うことを意味する（ケースBの実現）。

また、Kaneko 2009で明らかにしたように、東南アジア諸国は、八〇年代以降、大量の小麦を輸入するようになった。そして、一九八六年から二〇〇五年まで、国際小麦価格は低価格で推移した（ケースAの実現）。

周知のように、多くのアジア諸国は、人口増加が続いている（ケースCの実現）。

よって、多くのアジア諸国では、ケースA、B、Cが、かなりの程度実現していると言える。

なお、二〇〇六年以降、国際小麦価格が急上昇している。五カ年平均の一トン当たり輸入価格は、二〇〇一～〇五年の一六一ドルから、〇六～一〇年には二六九ドルに急上昇した（FAOデータベース）。つまり〇六年以降、BHN価格が上昇することにより、ケースAが後退している。〇六年以降の分析も今後の課題である。

また、日本の「失われた二十年」時代とアベノミクス時代を、同一の視点から詳しく分析することも今後の課題であるが、現段階（本章の原稿執筆は二〇一三年）の私見をまとめると、表5と

表５　「失われた 20 年」時代（1991-2012 年）

政策		状況とコメント
ケースＡ：BHN 価格低下政策	A1　自由貿易	○
	A2　規制緩和	×　規制付け替え
ケースＢ：可処分所得増加政策	B1　貨幣流通量増加	×　大部分の時期は不充分
	B2　財政支出拡大	△
	B3　大衆軽税政策	×　89 年消費税、98 年消費増税
	B4　貧困解消	×　99 年、04 年派遣法改悪で貧困増加
ケースＣ：人口増加政策	C1　死亡率低下	×　高齢化により増加
	C2　出産数増加	×　少子化止まらず

（注）○は改善もしくは良好。×は悪化もしくは不充分。△は時期により異なる。

表６　アベノミクス時代（2013 年～？年）

政策		状況とコメント
ケースＡ：BHN 価格低下政策	A1　自由貿易	？　TPP の実態はまだ不明
	A2　規制緩和	×？　また規制付け替えか？
ケースＢ：可処分所得増加政策	B1　貨幣流通量増加	○　第一の矢
	B2　財政支出拡大	○　第二の矢
	B3　大衆軽税政策	×　2014 年 4 月消費増税
	B4　貧困解消	×？　本格的取り組みなし
ケースＣ：人口増加政策	C1　死亡率低下	×　高齢化による増加は必然
	C2　出産数増加	×？　本格的少子化対策なし

（注）○は改善もしくは良好。×は悪化もしくは不充分。

表6の通りである。表5を見れば、一九九〇年代以降の日本経済が低迷したのは、当然のことであろう。そして表6を見れば、以前よりも改善されているものの、今後の日本経済は、決して楽観できる状況ではなく、まだまだ前途多難である。

初出「高度成長の比較経済史的考察――戦後日本の高度成長を中心に」『佐賀大学経済論集』第四七巻第一号、二〇一四年五月。

※若干の加筆修正を加えた。

注

(1) 例えば、安場・猪木[1989]、武田[2008]など。

(2) 例えば吉川洋東京大学大学院教授(当時。現在、東大名誉教授)によると、高度成長の「主役」は設備投資であるが、戦後日本経済において最初の投資ブームは、朝鮮戦争(一九五〇～五三年)による特需の中で発生したものであり、ゆえに高度成長の「キックオフ」は隣国の不幸によってもたらされた、とする。その後の日本国内の旺盛な設備投資は、農村の過剰人口が都市工業部門に吸収されて世帯数が増加し、それに加えて労働者の所得が上昇したため家電製品が急速に普及したことによってもたらされた、とする(吉川[2012]一三〇～一五六頁)。こうした説明は、高度成長を歴史的偶然による一回限りの現象であるという考え方に基づく。だが本書では、高度成長を、必要な諸政策さえ推進すれば、何度でも、どこの国でも、実現できる経済現象であると考える。

（3）本来、富裕層への課税は、単純に重くすれば良いというものではない。次期リーディング産業の発展に富裕層の資金が使用されるように大幅な税額控除を設けた上で、所得税の最高税率を引き上げるべきである。詳しくは、金子［2011］一九七〜一九九頁、金子［2014a］（本書第四章）二二一〜二二三頁。

第六章　二十一世紀日本の高度成長戦略——希望の経済史学についての一考察

1　問題の所在　日本経済史学の危機と希望の経済史学

現在、経済史学は危機的状況にあるようだ。日本学術会議において議論されている「大学教育の分野別質保証」のための「経済学分野の参照基準」の内容に関して、社会経済史学会常任理事会は、経済学教育が危機に直面していると認識し、常任理事会として再検討を要求する意見を表明している（社会経済史学会ホームページ）。同学会第八三回全国大会会員総会（二〇一四年五月二四日）でも、代表理事の杉山伸也慶応大学教授（当時）から、それに関連する報告がなされた。

日本学術会議は、経済史に関する教育も、国際的に共通したアプローチであるマクロ経済学やミクロ経済学とできるだけ関連づけて行われることが望ましい、と主張しているようである。これに対し社会経済史学会は、定量化できない記述資料を重視してきた従来の経済史研究が否定されかねない、と危機感を感じているようである。

こうした「危機」に対して、若手・中堅の経済史研究者も危機意識を募らせている。例えば宮地英敏九州大学准教授は、二〇一四年三月に「論説　日本経済史学の学問的特性に関する一考察」（宮地［2014］）を発表し、コツコツと歴史資料を読み込む実証研究によって、既存の通説が修正を迫られた事例を挙げ、従来型の経済史研究の意義を強調している。

筆者は、杉山代表理事や宮地氏の見解に異を唱えるつもりはないが、日本学術会議の主張も「むべなるかな」と思わざるを得ない。日本学術会議は、マクロ経済学やミクロ経済学、すなわち、いわゆる近代経済学に基づく経済史教育を要求している。よって同会議は、マルクス経済学に基づく経済史教育への是正策を要求したのではないか。中でも、講座派を念頭に置いていたのではないか。なぜなら、講座派や、その流れを汲む日本経済史は、東京大学を始め、多くの国立大学で、長年に渡って講義されてきたからである。

もし日本学術会議が、講座派を念頭に置いているのであれば、その主張に対し、我々は真摯に耳を傾けるべきである。なぜなら、講座派には三つの点で大きな問題があるからだ。第一に、マルクス主義史観（唯物史観や発展段階史観）自体が、現在の実証研究の水準に基づくと、誤っていた。第二に、講座派理論はコミンテルンのテーゼに基づいた政治主義的なプロパガンダ理論であった（正田［1992］五五頁）。第三に、コミンテルンのテーゼには、日本及び日本人に対する強烈な人種差別的蔑視と人種憎悪が満ちている（谷沢［2005］四二～七六頁）。講座派も、そうした日本人に対する人種差別的蔑視と人種憎悪を内包している。講座派にとって、ソ連や中国共産党が同じ共産主義者の同志であり、逆に、多くの日本人は非共産主義者であるがゆえに、敵である。共産主義を理解しない日本人を「後進的」とみなして蔑視し、「保守反動」と呼んで憎悪した。そして、日本が戦前戦後を通じて資本主義社会であり続けたがゆえに、日本の社会を憎んだ。

本章では、講座派のように人間や社会を憎悪する経済史学のことを、「憎悪の経済史学」と呼ぶこととしたい。なお、谷沢永一関西大学名誉教授は、講座派を自虐史観と呼び、コミンテルンのテーゼに従う者を反日的日本人と呼んで批判している(谷沢[2005])。確かに日本人の視点ではその通りであるが、講座派理論は日本人のみならず、外国人をも苦しめる。詳しくは次節で解説するが、講座派理論では、資本主義の発展には資本蓄積が必要であるが、日本資本主義は、日本人労働者と日本人農民に対する過酷な搾取によって資本蓄積を進めた、とする。つまり、搾取によって資本主義は発展する、と捉えている。こうした認識の背景には、日本社会に対する憎悪と同時に、資本主義社会そのものに対する憎悪がある。

こうした学説を日本で学んだ留学生、とりわけアジアからの留学生は、日本で博士号を取った後、母国の大学で教鞭をとった時に、どのような講義をするのだろうか。また、その講義を受講したその国のエリート学生達は、どう考えるのか。日本のような先進工業国になるためには、自分達も、自国の労働者や農民を徹底的に搾取して資本蓄積を進めるべきだ、と考えるのではないか。ゆえに講座派は、日本人のみならず、諸外国の人々も苦しめる。よって本章では、資本主義社会を憎悪し、日本及び世界の人々を苦しめる講座派の本質に基づき、「憎悪の経済史学」と呼ぶことにするのである。

本章の目的は、そうした憎悪の経済史学に替わり、「希望の経済史学」を提示することにある。つまり本章は、希望あふれる未来を創造するための経済史研究及び経済史教育についての一考察である。なお、この場合の希望とは、日本人にとっての希望であると同時に、人類にとっての希望でもある。なぜなら日本人を幸福にする経済史学は、日本人以外の世界中の人々にとっても幸福をもたらす有効な経済史学だからである。いやそもそも、経済史学に限らず、経済学は、そのような学問であろう。もちろん、文化や制度などの諸条件の相違により、同じ理論や政策が、全ての国でそのまま通用するわけではない。だが、一つの国で有効であるならば、それぞれの国に適合するように、ある程度の修正を加えれば、どこの国でも有効性を発揮するのではないか。

本章では、そうした視点から、筆者が現在取り組んでいる高度成長に関する経済史的研究が、我々の未来に、どれほど多くの希望を提示できるかを、示したい。

だがその前に、次節では、講座派について簡単な解説を行いたい。

2 講座派と平成長期不況

二十一世紀の現在、既にコミンテルンもソ連も消滅している。ではなぜ今、本章で講座派に言及するのか。その理由は、一九九〇年代以降の平成長期不況は、講座派理論に基づいて、意図的に引き起こされたものだと解釈すると、論理的整合性をもって説明することができるからである。近代経済学の知識のある者にとっては周知の通り、平成長期不況は、政府による、とりわけ財務省（旧・大蔵省）と日銀の官僚達による経済政策によって、人為的に引き起こされたものである。[1]

金融引き締めと緊縮財政によるデフレ不況推進政策、消費税引き上げのような大衆増税と国民負担引き上げによる大衆貧困化政策などは、日本人を苦しめ、日本経済を悪化させる馬鹿げた政策のように思える。だが、通俗的な講座派理論、すなわち、現在の財務・日銀官僚（及びその他の官僚）が東京大学などで学んだと思われる説では、それらの政策はすべて、日本資本主義を発展させる正しい政策である。

若い読者のことも考え、基本的なことから説明しよう。講座派とは、コミンテルン（国際共産党。事実上のソ連共産党）の三二年テーゼに基づいて研究を行った日本経済史の学派である。戦前においては、山田盛太郎（戦前は助教授時代に東大を追放され、のちに治安維持法で検挙される。戦後、東大教授となる。代表作は『日本資本主義分析』一九三四年）らが中心であった。

三二年テーゼとは、一九三二年四月に、コミンテルンが下部組織の日本共産党に与えた「日本における情勢と日本共産党の任務についてのテーゼ」である。三二年テーゼの目的は、大日本帝国のソ連侵攻を恐れたソ連政府が、日本共産党に任務を授けた指令書であり、天皇制打倒、ソ連擁護、中国革命支援が掲げられていた（正田［1992］四〇〜四一頁）。ちなみに戦前期の中国共産党も、コミンテルンの下部組織である。

三二年テーゼの具体的な内容に立ち入るつもりはないが、その重要な特徴として、日本人への人種差別的蔑視と人種憎悪を挙げることができる（谷沢［2005］四二〜七六頁）。当時の日本は、既に工業国家であった。例えば、一九三〇年の第二次産業の生産額は、第一次産業の一・五倍ほどもあった（矢野記念会編［2013］一一四頁）。国際連盟（一九二〇年設立）では、日本は設立当初より常任理事国であった。つまり、一九三〇年前後の日本は、名実ともに世界的な大国であり、指導的役割を持つ先進的国家であった。だが三二年テーゼは、その日本に対し、「半封建」、「封建制の遺物」、「前資本主義的」、「絶対主義的」などといった、マルクス発展段階史観において、「後進性」を意味する用語を並べ立てた。もちろん、その根拠はない。単なる白人による有色人種に対する人種差別的蔑視による。

また三二年テーゼは、日本は「強盗的帝国主義」であると非難している。「強盗的」という部分は、日露戦争による敗戦で、本来ロシア人の植民地であるべき南樺太や満州を日本に奪われた、との思いに基づく憎悪の言葉である。

ちなみにレーニンの『帝国主義論』（一九一六年刊）によれば、帝国主義とは資本主義の歴史的最高段階である。近代日本が、「半封建」や「前資本主義的」であり、同時に帝国主義でもあるとのコミンテルンの主張は、明らかに矛盾しており、マルクス主義的視点からもナンセンスである。ソ連の初代指導者であるレーニン（一八七〇～一九二四年）は学者であったが、二代目の指導者であるスターリン（一八七九～一九五三年）も、その他のコミンテルンのメンバーも、学者ではない。そのため冷静さを欠いて、日本人に対する人種差別と人種憎悪の感情が先走ったのである。特に、日露戦争の敗戦とシベリア出兵（米英仏は一九一八～二〇年、日本のみ一八～二二年まで出兵）とにより、スターリンやコミンテルンは、日本に対し、フランスに対するのと同様の強い恐怖を感じていた。ちなみに、フランスに対する恐怖は、ナポレオンのロシア遠征によるものである。彼らは、フランスと日本が、西と東から、同時にソ連に侵攻することを恐れていた。三二年テーゼは、そうした日本への恐怖を背景に、憎悪、差別、中傷によって成立したものであった（谷沢［2005］六二～七六頁）。

ところで、一九三〇年代から戦後しばらくの間にかけて、マルクス主義者の経済史研究者達の間では、日本資本主義論争が行われた。(2) 学説の相違ではなく、その本質を捉えるならば、ソ連に忠誠を誓い三二年テーゼに従う者が講座派であり、ソ連に従うことを拒み三二年テーゼを否定する者が労農派であるとの分類が可能である。だが講座派は、一九六〇年代に入ると、忠誠を誓ったソ連から、はしごを外されることとなった（正田［1992］五〇～五五頁）。その理由は、ソ連指導者の交代や、ソ連における日本研究の目的が革命から学問へと転換したこと、そして現実の日本や世界が、講座派理論とあまりにも乖離しすぎたこと、にある。つまりソ連自体が、三二年テーゼの学術的誤りを認めたのである。

にもかかわらず、日本では、特に国立大学などでは、その後も、講座派的な日本経済史が、講義され続けた。そのため、講座派理論を大学で聞きかじった学生達の中には、それをそのまま信じ込んでしまったまま、社会に出た者も少なくなかったのではないか。

それでは、多くの国立大学生が受講したと思われる通俗的な講座派理論の根幹部分をまとめてみよう。それは、下記のようなものである[3]。

資本主義の発展には、資本蓄積が決定的に重要である。戦前期日本資本主義の資本蓄積の方法は、以下の三種類に大別できる。

ⓐ日本人搾取。

日本資本主義は、財閥と寄生地主が、労働者と農民（小作農）を徹底的に搾取して資本蓄積を進めた。日本人労働者は「インド以下的賃金」、すなわち、植民地の被支配者民族以下の低賃金を強いられ、日本の農民は、米繭構造（コメと繭の生産を中心とした農業構造）の下、「繭の買いたたき」により窮乏を強いられ、農村では、欠食児童や娘身売りといった社会問題が発生するほどであった。つまり、日本人に対する過酷な搾取によって、日本資本主義は発展した。

ⓑ日本人貧窮化。

日本資本主義は、（松方デフレなどのデフレ不況によって）日本人を極貧状態に突き落とすことで、多くの低賃金労働者を創出した。低賃金により、低価格の輸出品の生産が可能となった。日本製品は、低価格を武器に世界市場でシェアを伸ばし、日本人資本家や日本企業は多額の利益を得た。それにより、日本資本主義は資本蓄積を進めた。つまり、日本人を貧窮化させることで日本資本主義は発展した。

ⓒデフレ不況。

デフレ不況は資本蓄積を進展させる。なぜなら、第一に、デフレ不況によって国内需要が減少するため、それに伴い、輸入が減少するからである。第二に、デフレ不況によって労賃が低下するため、それに伴い商品価格が低下し、輸出が増加する。輸入減少と輸出増加とにより貿易黒字が増加するため、日本国内の資本蓄積が進展する。つまり、デフレ不況は日本資本主義を発展させる。

これらをまとめると、ⓐ日本人を搾取し、ⓑ日本人を貧窮化させ、ⓒデフレ不況を引き起こすと、資本蓄積が進展し、日本資本主義が発展する、というロジック（論理）になる。

もちろん、こうした講座派理論は、デタラメな理論である。実証研究の点でも、ロジックの点でも誤りだらけである。かつて故・正田健一郎早稲田大学名誉教授は、もし講座派理論が正しければ、日本資本主義は戦後改革によって崩壊したはずだ、と主張した。なぜなら戦後改革によって、寄生地主制と財閥は解体され、労働組合が強化された。それにより、日本資本主義の根幹であった日本人搾取による資本蓄積が不可能になったからである。だが戦後の日本は、急速な戦後復興を遂げた後、高度成長を経験した。よって、日本人を搾取していた寄生地主制や財閥は、日本資本主義の基盤でも主柱でもなく、むしろ桎梏、すなわち手枷足枷であった。戦後改革によって日本経済はその桎梏から解き放たれたため、戦後、急成長したのである（正田［1992］五四～五五頁）。

戦前期の講座派の目的は、資本主義体制を打倒し、日本で共産主義革命を起こすことであった。そのため、日本人労働者や農民が受けている搾取を、針小棒大に誇張し、労働者や農民が日本資本主義を憎むようにアジテーションしていた。「インド以下的賃金」論などは、アジ演説の最たるものである。アジ演説風に言えば、以下のようになろう。

「労働者諸君！　諸君らはインド人よりも搾取されている。つまり世界最悪の搾取である。それにより資本家ばかりが肥え太っている。腐りきった日本資本主義を打倒しよう！」

つまり、戦前期講座派の論理展開は、日本人搾取の肯定ではなく、日本資本主義は搾取を基盤とするがゆえに打倒しなければならない、というものであった[4]。

だが戦後、一九六〇年代に、日本が高度成長を経験し、講座派理論がソ連からも見放されると、上記の論理展開のすり替えが起きた。日本が世界有数の経済大国となった理由を、過酷な日本人搾取に求めるようになった。つまり、戦前期において打倒すべき対象であった寄生地主制や財閥を、日本資本主義の発展の原動力として捉えるようになったのである。これは、日本人搾取の肯定化を意味する。日本資本主義の発展のためには、日本人を搾取しなければならない、もしくは日本人搾取もやむを得ない、という論理展開にすり替えられた。

こうした高度成長期以降の講座派の視点に基づけば、近年（一九九〇年代から二〇一二年まで）の日本政府が推進する政策及び政策案は、全て正しいと言える。例えば、人材派遣法改悪と残業代ゼロ法案（ホワイトカラー・エグゼンプション）は、日本人搾取（上記のⓐ）を強化するため、正しい政策である。とくに人材派遣法改悪は、派遣労働者が、派遣会社によって過酷な中間搾取を受ける。それにより、派遣会社やその株主（資本家）が、資本蓄積を進展させる。

消費増税や、医療費の自己負担額の引き上げなどの国民負担の引き上げ、年金支給額の削減、生活保護費削減などの福祉削減政策、雇用規制緩和案（リストラ推進案）、外国人労働者の受け入れ増加案は、日本人を貧窮化させるⓑので正しい政策である。

金融引き締め（貨幣発行量の削減）と緊縮財政（財政支出の削減）はデフレ不況を引き起こすⓒので正しい政策である。逆に金融緩和（貨幣発行量の増加）と積極財政（財政支出の拡大）は、好景気をもたらすので、金本位制の下では、輸入が増加する一方で、労賃上昇による商品価格の上昇によって輸出が減少するので、貿易赤字が増加する。それによって資本蓄積が阻害されるので誤った政策である、との解釈になる。ちなみに金融緩和と積極財政はアベノミクスの第一の矢と第二の矢である。金融緩和と積極財政を批判し、貿易赤字を危惧する人々は、講座派理論に囚（とら）われた人々である。

なお、一九八〇年代から繰り返されてきた富裕層や企業への減税（金子［2010］五～七頁参照）は、上記のⓐ～ⓒには当てはまらないが、直接的に資本蓄積を進める政策と言える。平成長期不況下では、大企業は巨額の内部留保を貯め込み、「死に金」となっていた。だが講座派的視点では、巨額の内部留保は資本蓄積に当たる。

ちなみに、厚労省によると、全労働者（被雇用者）に占める非正規雇用の比率は一九八五年の一六％から二〇一二年には三五％へ拡大し、一二年における年収三〇〇万円以下の低所得世帯は全世帯の三二％を占めている。国税庁によると、一九九九年から二〇〇七年にかけて、一年以上勤続者の平均年収は四六一万円から四三七万円に減少し、民間給与総額は二一七・五兆円から二〇一・三兆円へ一六・二兆円減少したが、企業の配当等総額は五・二兆円から二〇・九兆円へ一五・七兆円増加している（厚労省と国税庁のホームページによる）。

こうした現状は、講座派的視点では、霞が関の官僚達は、日本人搾取と日本人貧窮化を進め、それにより着実に資本蓄積を進展させている、と解釈できる。低賃金の非正規雇用労働者を増加させ、その結果、低所得世帯を増加させる。そして、日本人労働者から搾取した一六・二兆円の大部分に相当する一五・七兆円を、株主へ配当、すなわち資本蓄積に充てている。九九年と〇七年とでは、資本蓄積の金額が、五・二兆円から二〇・九兆円へと四倍以上に増加している。もし資本蓄積が本当に重要なものであれば、実にめざましい成果と言える。

だが残念なことに、ポスト金本位制の現代日本では、資本蓄積は意味がない。現在の日本では、紙幣は日銀が輪転機を回して発行し、それを民間銀行を通じて企業に融資すればよい。資本家が資本蓄積をしなければ、投資をする資金が国内のどこにもない、という時代ではないのである。それにそもそも、需要がなければ、企業は投資をしない。経済成長に最も必要なものは、資本蓄積ではなく、需要である。

もっとも、財務省や日銀の官僚達が、意図的にデフレ不況を引き起こしている本質的理由は、デフレ不況によって企業のレント・シーキング活動が活発化し、それにより自分たちの天下り先が増えるからである（金子［2011］一九九～二〇一頁）。意図的に自国経済を悪化させ、多くの国民を苦しめ、それによりエリート官僚が私腹を肥やす。実はこれは、途上国では、しばしば見られるケースである（いわゆる「収奪国家（predatory state）」）[5]。

だが、全ての官僚が、私利私欲だけでデフレ不況や日本人貧窮化政策などを推進しているわけではあるまい。一例を挙げると、小泉政権時代に決定した母子家庭への児童扶養手当（母子加算）の削減（金子［2011］九七頁）などは、官僚が何らかの利益を得るとは考えにくい。だが、鳩山由紀夫政権が母子加算復活を実行しようとした時に、財務省は、全額復活ではなく半額復活に留めようと、強硬に抵抗した。半額復活で節約できる予算は、わずか数十億円である。百兆円前後の日本の国家予算から見れば、微々たるものである。

ゆえに、一部の官僚は、学生時代に聞きかじった誤りだらけの講座派理論を、いまだに心の底では信じているのではないか。いや、本心では信じていなくとも、心理学で言うところの反復強迫に陥っているのではないか。反復強迫とは、自分のある言動を一度正当化すると、客観的に見て誤った言動であっても、自分の頭の中では正しい言動であるため、何度も同じ言動を繰り返す、という心理現象である。しかも、自分のその言動が誤っているのではないかと薄々感じたとしても、自分の誤りを認めることは、精神的な苦痛をもたらす。そのため、その精神的苦痛を避けるために、その言動を正しいと強く思い込む。ゆえに、主観的には正しいため、長期間に渡って何度も、同じ誤った行動をとることになる。

例えば、ある官僚が、上司の命令で、国民を苦しめる日本人貧窮化政策に携わったとする。その時、日本人貧窮化は資本蓄積を進める正しい政策なのだと、心の中で、自己の業務を正当化したとする。するとそれ以降、反復強迫に陥ったその官僚は、常に日本人貧窮化を進める政策を率先して計画し、繰り返し実行してしまう。そして、十年、二十年という時間を経ることにより、反復強迫がさらに強化され、日本人貧窮化政策をさらに強力に推進するようになる。なぜなら、もし日本人貧窮化政策が誤った政策だと認識を改めた場合、自分のこれまでの官僚人生、それも十年、二十年という長期間にわたる人生が、誤ったものとして全否定されるからである。それは、精神的に極めて大きな苦痛をもたらす。ゆえに、反復強迫の期間が長くなればなるほど、その言動は強化されてエスカレートし、自分の言動を自分自身で修正することが困難になる。

上記の母子加算問題も、反復強迫の概念を用いれば、簡単に説明できる。ひとたび母子加算を廃止した以上、財務官僚の主観では、母子加算廃止は正しい政策である。それを復活させることは、自分の過去の誤りを認めることになる。それゆえに、強硬に抵抗したのである。日本には、官僚無謬神話という言葉がある。それだけ日本の官僚は、自己の誤りを認めたがらないと言うことである。そして、自分の誤りを認めたがらない者ほど、反復強迫に陥りやすい。

このように、官僚が当初、日本人を苦しめ、日本経済を悪化させる政策を推進したのには、講座派理論の影響があるのではないか。その後は、反復強迫を繰り返し、官僚達自身では止められなくなっているのではないか。もしそうだとするならば、平成長期不況の原因の一端は、経済史教育にもあることになる。

ゆえに我々は、日本人搾取、日本人貧窮化、デフレ不況を肯定するような「憎悪の経済史学」から、早急に「希望の経済史学」へと経済史教育を転換しなければならない。

3 大衆需要と高度成長

経済成長の研究は、何に重点を置くべきか。これまでの研究史では、生産面（サプライ・サイド）の研究が多かったと言える。資本蓄積を重視する講座派も、生産面重視と言える。なぜなら、商品の生産は、生産の三要素である資本、労働、土地を結合させて行う。経済成長とは国内総生産（GDP）が増加することであるので、国全体で、生産の三要素のいずれかの投入が増加すれば、商品生産は増加し、経済成長が実現する。工業化には、莫大な資本の投入が必要である。そこで、その莫大な資本をどのように蓄積するかが、講座派などによって重視されたのである。

だがそもそも、需要がなければ商品は生産されない。つまり、需要面（ディマンド・サイド）の研究が必要不可欠である。需要を重視した最初の経済史家はヴェルナー・ゾンバルトである。彼の代表作『恋愛と贅沢と資本主義』（一九一二年刊）では富裕層の贅沢による需要に、『戦争と資本主義』（一九一三年刊）では戦争や大規模軍隊の維持による需要、すなわち政府による需要に、着目した。つまりゾンバルトによると、富裕層や政府による莫大な需要により、資本主義ないし工業化が進展したのである（金子［2010］二一四〜二一五頁）。

日本では、近代日本の工業化成功の要因として需要を重視した研究に、故・正田健一郎早大名誉教授の「伝統的需要構造」論（正田［1971］）がある。それを継承発展させたのが、川勝平太元早大教授（現・静岡県知事）の「文化・物産複合」論（川勝［1991］）である。正田「伝統的需要構造」論では、近代日本の機械綿紡績業は、日本国内の和服の需要を基盤に発展した、とする。和服と洋服に使用する綿布・綿糸の品質の相違について研究を行い、文化・文明論に発展させたのが川勝「文化・物産複合」論である。近代日本の工業化は、日本の「文化・物産複合」を基盤とすることで可能となった、とする。

ところで、近代日本の和服需要の大部分は、一般庶民によるものである。そこで、その点を強調すべきだと考え、筆者は数年前から「大衆需要」という用語を使用している。近代日本のみならず、一定以上の人口を有する人口大国では、大衆需要を基盤として工業化が進展する（金子［2010］）。

それでは、この「大衆需要」論の視点に基づいて、戦後日本の高度成長について、簡単にまとめてみよう（詳しくは、本書第五章）。

高度成長は、工業化の急速な進展によるものである。ゆえに、大衆需要を急増させる諸政策を実行すれば、一部の人口小国を除き、どの国でも、同一の国で何度でも、実現可能な経済現象である。

大衆需要が増加するケースは、下記の三種類である。

ケースA　大衆の所得が減少しない状況下で、ＢＨＮの市場価格が低下した場合。なぜなら、生活にゆとりが生じた大衆は、家電等の工業品の購入に積極的になるからである。

ケースB　ＢＨＮ価格が上昇しない状況下で、大衆の可処分所得が増加した場合。この場合も、生活にゆとりが生じるため、工業品への大衆需要が増加し、工業化が進展する。

ケースC　ＢＨＮ価格が上昇せず、大衆の一人当たり可処分所得が減少しない状況下で、人口が増加した場合。国全体の工業品への大衆需要が増加するため工業化が進展する。

なお、ＢＨＮ（ベーシック・ヒューマン・ニーズ）とは、人間が生きるために最低限必要な基本的な財のことである。衣食住などに加え、現代社会では医療や教育も含まれる。

上記の各ケースを実現する政策は下記のとおりである。

ケースAは、自由貿易（A1と略記。以下同様）と規制緩和（A2）により可能である。つまり自由貿易と規制緩和はBHN価格低下政策と言える。

ケースBは、貨幣流通量増加政策（B1）、財政支出拡大（B2）、大衆軽税政策（B3）、貧困解消（B4）、により可能である。ゆえにこの四つの政策は、可処分所得増加政策と言える。

ケースCは、死亡率低下政策（C1）と出産数増加政策（C2）により可能である。これらは人口増加政策と言える。

戦後日本の高度成長は、上記三ケース、計八政策が全てそろったからである。それにより大衆需要が急増し、高度成長が実現した。それをまとめたのが、表4である（詳しくは本書第五章参照）。高度成長をもたらした重要な政策の多くは、自民党政権の初期、特に第三代総裁までに打ち出された。なお、自民党初代総裁は鳩山一郎（首相在任は一九五四年十二月～五六年十二月）、第二代総裁は石橋湛山（首相在任は一九五六年十二月～五七年二月）、第三代総裁は岸信介（首相在任は一九五七年二月～六〇年七月）である。

それでは、戦後日本の高度成長のメカニズムと、その停止のメカニズムを、大衆需要の視点からまとめてみよう。

戦後日本の高度成長のメカニズムは、下記の通りである。
① BHN価格低下（ケースA）、可処分所得増加（ケースB）、人口増加（ケースC）が同時に生じたため、大衆需要が急増した。

② それにより、家電・自動車の売り上げが急増した。そのため両産業で設備投資が急増した。

③ 家電・自動車産業の売り上げが急増し、設備投資も急増したため、ⓐ鉄鋼・機械産業の売り上げが急増した。それにより、ⓑ鉄鋼・機械産業の設備投資が急増した。

それは、さらなる鉄鋼と機械の需要増加をもたらしたため、さらに設備投資が増加した。つまり、ⓐ→ⓑ→ⓐ→ⓑが繰り返された。これが、高度成長の原動力と一般的にみなされている「投資が投資を呼ぶ」状態である。

④ 上記の②と③により、労働需要が増加した。それは労賃の上昇をもたらした。労働者は同時に消費者でもあるので、労賃上昇は①の大衆需要の増加をさらに推進する。高度成長は、①〜④の繰り返しにより実現した。

戦後日本の高度成長停止のメカニズムは、下記の通りである。

一九七三年に発生した第一次石油危機により、石油価格上昇による物価上昇が発生した。これは、BHN価格が上昇することであり、ケースAの逆が発生した。日銀は目先のインフレ抑制のため、急激な金融引き締めをおこなった。それにより貨幣流通量が急減したため、不況に突入した。不況により、可処分所得が減少した。つまり、ケースBの逆が発生した。BHN価格上昇(ケースAの逆)と可処分所得減少(ケースBの逆)が同時に発生したため、大衆需要が急減し、高度成長は停止した。

しかしその後、日銀が金融引き締めを終了したことに加え、企業の省エネ努力が、石油価格の上昇をある程度相殺したため、大衆需要が増加に転じ、景気が回復した。その後は、三％台の成長が続いた。

だが一九八〇年代以降、八九年の消費税導入をはじめ、徐々に大衆需要を削減するような政策が、登場するようになった。そのため、一九九〇年代以降、日本経済は停滞するようになったのである。

次節では、高度成長の経済史的研究が、我々の未来にどのような希望を提示できるかを述べよう。

4　結論　希望の経済史学による未来への貢献

現在、我々日本人には、二つの経済路線がある（表7参照）。一つは、講座派理論に基づき、日本人搾取、日本人貧窮化、デフレ不況を推進する路線である。これは、いわゆる「失われた二十年」と同じ路線である。この路線を続ければ、日本は弱体化しつづけ、最終的には、日本人は絶滅する。なぜなら、このまま少子化が続けば、最後には、日本人は地球上から消滅してしまうからである。

現在の少子化の最大の原因は、結婚適齢期の男性の低所得である。三〇歳代前半の男性の有配

表7　21世紀日本の路線選択

経済路線	基づく理論	主な特徴	中間結果	最終結果
「失われた20年」路線	講座派理論（マルクス主義史学）	ⓐ日本人搾取 ⓑ日本人貧窮化 ⓒデフレ不況	日本弱体化	日本人絶滅
「高度成長」路線	近代経済学（特にディマンド・サイド重視）	ⓐ大衆負担削減 ⓑ貧困解消 ⓒ円安インフレ好景気	日本繁栄	世界繁栄（日本が世界経済の成長エンジンに）

偶率は、年収が六〇〇万円台の者は約八割だが、二〇〇万円台の者は約四割で、一五〇万円未満の者は三割未満である（金子［2008］五七頁）。一般論として、結婚しなければ子供を作れない。また、男性の年収が一五〇万円未満では、結婚しても、子供を作って育てることは困難である。

このまま講座派理論に基づく「失われた二十年」路線を続ければ、低所得を原因とする少子化によって、日本人は消滅する。ゆえに「失われた二十年」路線は「日本弱体化」路線であり「日本人絶滅」路線である。戦前期のコミンテルンは、前述のように、大日本帝国のソ連侵攻を恐れていたため、日本の弱体化は、彼らの望むところであった。だがソ連が消滅した現在、日本弱体化や日本人絶滅は、いったい誰の利益となるのか。人格の歪んだ者の反日感情を満たすこと以外、何の役にもたたないであろう。

だが我々には、もう一つの経済路線がある。大衆需要の増加を推進する「高度成長」路線である。では、二十一世紀の日本で再び高度成長を実現するためには、どのような政策で大衆需要を増加させればよいのか。

表8　21世紀日本の高度成長実現政策（試案）

政策		具体的な政策例とコメント
戦略A： BHN価格低下政策	A1　自由貿易	●　既に充分に自由化
	A2　規制緩和	●　既に充分に規制緩和
戦略B： 可処分所得増加政策	B1　貨幣流通量増加	◎　政府紙幣発行で5倍に増やす
	B2　財政支出拡大	◎　政府紙幣で国家予算を5倍に
	B3　大衆軽税政策	◎　消費税廃止、健康保険料廃止、医療費と教育費の（ほぼ）無料化
	B4　貧困解消	◎　生活補助券（ベーシック・インカム）、国民最低保障年金、非正規教員及び公務員の正規雇用化、高賃金政策など
戦略C： 人口増加政策	C1　死亡率低下	●　健康寿命の延伸に努めるべき
	C2　出産数増加	◎　小児養育手当

（注）●は今後の日本で効果が少ない政策。◎は充分な効果が見込まれる政策。

まず、表8を見ていただきたい。BHN価格を低下させる政策（戦略A）としては、自由貿易と規制緩和があるが、現在の日本は既に充分に自由貿易と規制緩和を行っている。そのため、これ以上この二つの政策を推進しても、BHN価格の低下は僅少である。例えば、日本が農産物の完全な輸入自由化を行った場合、食費の節約などで、日本人一人当たり年間三六ドルの利益が見込まれる（金子［2008］七八頁）。一ドル＝一〇〇円で、一日当たりに換算すると、わずか一〇円である。確かに効果はあるものの、あまりにも僅少過ぎる金額である。

よって今後は、可処分所得増加政策（戦略B）と、出産数増加政策（戦略C2）を中心に進めるべきである。かつて、戦後高度成長期において、一九六〇年代の一〇年間に、国家予算（一般会計）も日銀貸出残高及びマネーサプライ（M2）

も、およそ五倍に増加した（金子［2014b］一八頁、本書第五章）。ゆえに、二十一世紀日本の高度成長戦略でも、国家予算を五倍に増やそう。つまり、一般会計予算を現在の一〇〇兆円前後から、五〇〇兆円に増やすのである。

では、その資金はどのように調達するのか。一九七一年のドル・ショック以前は、世界は事実上、金本位制であった。つまり一九六〇年代の日本は、円紙幣の発行量を増やすためには、金及び金と交換可能なドル紙幣の保有量を増加させなければならなかった。そのためには、貿易黒字（正確には経常収支の黒字）を稼ぐ必要があった。だがポスト金本位制の現在では、金やドルの保有量に関係なく、円紙幣を発行することができる。そこで、政府紙幣を発行し、それを資金源とする。[6]最近五ヶ年間（二〇〇八年～一二年）は、中央政府の租税・印紙収入は五〇兆円を下回っている（矢野記念会編［2013］四一三頁）ため、政府紙幣の発行額は四五〇兆円ほど必要である。

なお、本来ならば、一〇年間かけて、国家予算を五倍にするべきであろう。だが、一〇年間も続く政権の存在は、想定しにくい。衆議院議員の任期が四年間であるため、二十一世紀日本の高度成長計画は、四カ年計画にすべきである。だが本章では、若い読者へのインパクトを強めるために、四カ年計画の最初の一年目に、一気に、一般会計予算を五〇〇兆円に増加させ、二年目以降は五〇〇兆円にインフレ率を乗じた金額とすることにしたい。

一般会計予算を一気に五〇〇兆円に増加させた場合、現在の予算とは別に、四〇〇兆円分の政策を実施できる。その政策は、大衆需要を増加させるものでなければならない。

では、具体的な政策を構想してみよう。筆者が重視する政策から順に並べることとする。
(1) 小児養育手当（C2の出産数増加政策）の創設（本書第四章及び第五章も参照）。少子化を防止するためには、子供が三歳になる頃まで、母親の所得を保障しなければならない（それ以降は保育所に預けて働けるように保育所も増設する）。そこで、使用目的限定の、すなわち酒、たばこ等の十八歳未満購入禁止商品の購入を禁止とする小児養育券を、出産後三年間に渡って毎月二五万円、年間三〇〇万円分を支給する。現在、三歳以下の子供は約三〇〇万人なので、この政策には一〇兆円ほど必要となる。
(2) 健康保険料廃止と医療費無料化（B3の大衆軽税政策。正確には、大衆負担削減政策）。二〇一〇年の国民医療費は三七兆円（矢野記念会編［2013］五三二頁）なので、およそ四〇兆円ほど必要である。
(3) 使用目的限定の生活補助券（B4の貧困解消政策）。これは、いわゆるベーシック・インカムである。現金支給は道徳的な問題もあるため、これも上記の小児養育券のように使用目的限定とする。年収三〇〇万円未満の世帯は一五〇〇万世帯ほど存在する（金子［2008］七三頁）。三〇〇万円に達するまで、生活補助券を支給することにする。一五〇〇万世帯に対し、一世帯当たり平均で年間一〇〇万円分を支給すると、一五兆円必要である。
(4) 国民最低保障年金（B4の貧困解消政策）。この年金は、現在の年金とは別に、支給する。現時点でも充分な年金を受給している高齢者もいるだろうが、本当に必要とする貧困高齢者に限定して支給すると、大衆需要を充分に増加させることができない。本章における諸政策は、国民最低保障年金も含め、大衆需要を増加させることが最大の目的である。ゆえに全ての高齢者に、現在の年金とは別枠で支給するのである。もちろんこれは年金であるため、現金支給である。月一〇万円支給すると年間で一二〇万円である。二〇一〇年における六五歳以上の人口は約三〇〇〇万人（矢野記念会編［2013］三二、四一頁）なので、三六兆円ほど必要である。

ここまでで、すなわち（1）～（4）の四つの政策で必要な金額は、まだ、たったの一〇〇兆円ほどである。国家予算を五倍にするためには、残り三〇〇兆円を国民のために使わねばならない。

では、次に資金を投入するべき分野は何か。もちろん教育である。社会を支えるのは人材である。ゆえに人材育成は、最も重要な仕事の一つである。だが現在の日本では、低賃金の非正規雇用の教員が数多くいる。私立大学などは、非常勤講師なしには成り立たない。小中学校では教職員の人数が足りないため、教員の過労が深刻化している。よって、非正規教員の正規雇用化、教職員の増員と賃上げが必要である。

なお、大衆需要の増加には関係がないが、国立大学の教員の年収は、現在の三倍にすべきだろう。講座派理論はソ連から見放された後も、国立大学教員を中心に支持され続けた。その最大の理由は、講座派研究者自身の反復強迫であるが、もう一つの理由として、国立大学教員の給与水準が、大企業の大卒従業員よりも低すぎるという点があるのではないか。民間企業に就職した大学時代の友人知人よりも遙かに低い給与が、日本資本主義への個人的な憎悪となり、「憎悪の経済史学」である講座派を支持させ続けたのではないか。よって、現状のような低賃金は、日本の社会に良い影響を与えない。国立大学教員に対しては、高度な研究能力に見合うだけの収入を提供するべきである。加えて、全ての無職のポスト・ドクターを、充分な賃金を支払って大学で雇用すべきである。現在の日本でそれらが実行されないのは、予算がないから、との理由であろう。だが、高度成長路線を選択すれば、充分に可能となる。

また、公立学校の学費は、大学も含めて無料にすべきである。なぜなら公立学校における教育は、個人の利益のためではなく、日本の社会を支える人材を育成するために行うものだからである。

では、どの程度の資金を投入すべきだろうか。〇九年の公財政支出教育費は、国と地方を合わせて二三兆円である（矢野記念会編［2013］五一五頁）。正確な数字は現在は提示しかねるが、現在の金額の二倍、つまり新たに五〇兆円ほども投入すれば（二三兆円から七三兆円に予算を増やせば）、上記の教育関係費用は、充分にまかなえるのではないか。

よって、以下のようになる。

（5）教育関係費の増加。公立学校の学費無料化は大衆負担削減政策に当たるため、B3の大衆軽税政策に相当する。また、非正規雇用教員の正規雇用化は、B4の貧困解消政策に相当する。必要な金額は、とりあえず五〇兆円を想定する。

次に、本章では、金子〔2011〕でも提言した、日本の省エネ・脱石油社会化を推進するためのエコ・ジャパン推進券を再度提言したい。とりわけ、高度成長のネックとなるのがエネルギー問題である。エネルギー需給が逼迫してエネルギー価格が上昇すれば、多くの商品の価格が上昇してしまう。それはBHN価格の上昇をもたらし、大衆需要を減少させる。加えて、政府紙幣の大量発行によって円安となるため、国内のガソリン価格が上昇する。近年の地方社会は自動車社会であり、多くの地方住民は、通勤や買い物などの日常生活に自動車を利用している。ゆえにガソリン価格の上昇は、地方住民の大衆需要を減少させる。

そこで、ガソリンの消費を抑えるために、プラグ・イン・ハイブリッド・カーや電気自動車などを購入できるエコ・ジャパン推進券を国民全員に配布し、日本の省エネ・脱石油社会化を推進する。十八歳以上の日本国民は約一億人なので、一人一〇〇万円分を支給すれば、一〇〇兆円である。

(6) エコ・ジャパン推進券。年間一〇〇兆円支給。同券には、使用期限を設けると同時に、金券ショップでの売買も認める。よって、年間一〇〇兆円支給すれば、必ず使用期限内に一〇〇兆円が流通する。したがって、B1の貨幣流通量増加政策にも相当する(当然、B2の財政支出拡大政策でもある)。

次に行うべきは、高賃金政策である。金子〔2014a〕(本書第四章)では、法定最低賃金を五年間かけて段階的に時給三〇〇〇円以上に引き上げることを提言した。民間企業に関しては、経営上の理由で、ある程度の移行期間が必要であるが、政府の場合は必要ない。公務員やみなし公務員の給料は、時給三〇〇〇円未満の者に対しては、すみやかに時給三〇〇〇円以上に引き上げる（時給三〇〇〇円で年間二〇〇〇時間労働の場合、年収六〇〇万円となる。金子［2014a］二〇～二一頁では年間一五〇〇時間労働を提言したので、その場合は年収四五〇万円となる）。もちろん、フルタイムで働いている非正規雇用公務員及びみなし公務員は、正規雇用化する。他に、民間であっても、政府が多額の税金を投入している部門、例えば私立学校、私立病院、介護サービスなどでは、すみやかに時給三〇〇〇円以上を実現する。

ではそのために、どれほどの資金が必要か。二〇一〇年において、第三次産業に占める「公務」（教育や医療などに分類されない者）の就業者数は二〇二万人で、「教育、学習支援業」が二六四万人、「学術研究、専門・技術サービス業」が一九〇万人、「医療、福祉」が六一八万人である（矢野記念会編［2013］八一頁）。合計で一二七四万人である。ちなみに同年の産業別月間現金給与は、「教育、学習支援業」が三九万円で、「医療、福祉」が三〇万円である（矢野記念会編［2013］九一頁）。そこで、一三〇〇万人に、現在の給与とは別に年間三〇〇万円を政府が支給することにすると、三九兆円必要である。

（7）時給三〇〇〇円以上の高賃金政策。政府投入資金は、新たに四〇兆円ほど必要である。

以上より、（1）～（7）の七政策を合わせても、総額三〇〇兆円弱にしかならない。では、あと一〇〇兆円を何に使うか。東北復興にも、本来は、復興増税の資金だけでは足りず、まだまだ資金が必要なのではないか。他に、自民党が主張する列島強靭化や、民主党政権が主張していた高速道路無料化も、大衆需要を増加させる効果があるため、資金を投入した方がよい。

なお、消費税は、大衆需要を減少させる税制であるため、すみやかに廃止するべきである。本章では代わりに、奢侈品税ないしは高級品税を導入することを提言する。高級品税は、不景気の時には税収が激減するであろうが、逆に好景気の時には税収が激増するため、高度成長路線が軌道に乗れば、消費税廃止を補って余りある税収をもたらすであろう。

ところで、誤解がないように念のために付言しておくが、高度成長が実現すれば、上記のような政策が可能になる、というのではない。因果関係が逆である。高度成長を実現するために、上記のような政策が必要なのである。筆者個人は、市場メカニズムのプラス面を評価しているため、医療費の完全無料化や、全教育機関の学費無料化などは、個人的には願い下げである。だが、高度成長を実現するためには、公立学校や公立病院は無料化し、私立学校や私立病院も、少なくとも、自己負担額が一割程度以下になるように、私学助成金などの資金を政府が増額して投入しなければならない。

では、こうした高度成長路線のマイナス面は何か。高度成長路線は、円安インフレ好景気をもたらす。インフレは一般的に、年金生活者と公務員の生活に打撃を与えるものである。しかし本章が提言する高度成長路線では、前述のように、国民最低保障年金が、現在の年金とは別枠で支給される。加えて、ベーシック・インカムに当たる生活補助券も支給される。また、公務員やみなし公務員に対しては、最低賃金が時給三〇〇〇円に引き上げられる。よって、高度成長路線によって生活苦に陥る者はいない。もちろん、年金支給額や公務員及びみなし公務員の給与は物価スライド制にする。本章のように国家予算を最初の一年で一気に五倍に増やすような荒っぽい手法をとる場合には、一年目のインフレ率もそれなりに高くなるであろう。その場合には、年金支給額や賃金の引き上げを、三ヶ月ごと、もしくは毎月ごとに、行う必要があろう。

円安の主要なマイナス面は、上記で指摘したように、円安によるガソリン価格の上昇である。だがそれは、前述のエコ・ジャパン推進券で解決する。

このように、高度成長路線を選択すれば、夢のような社会が実現する。ベーシック・インカムによって貧困が一掃され、医療費、介護費、子供の教育費などに悩むこともなくなり、年金支給額も増えるため、老後の心配もなくなる。しかも高度成長社会では、起業も容易になるため、能力のある若者達がその実力を発揮して、社会的成功を修めることができるようになる。

日本は空前の繁栄を遂げ、そしてその繁栄は、世界の繁栄にもつながる。なぜなら、日本における大衆需要の増加は、グローバル時代の今日では、日本国内の企業を発展させるだけでなく、輸入を通じて、外国企業の売り上げも増加させ、海外でも雇用を増加させるからである。つまり日本の大衆需要が、今まで以上に、世界経済の成長を牽引するようになる。ゆえに、日本が高度成長路線を選択することは、日本のみならず、世界にも繁栄をもたらす。

このように、「憎悪の経済史学」を捨て去り、「希望の経済史学」を選択すれば、我々日本人の未来は、そして人類の未来は、希望あふれるものになるのである。

初出「二十一世紀日本の高度成長戦略——希望の経済史学についての一考察」『佐賀大学経済論集』第四七巻第三号、二〇一四年九月。

※若干の加筆修正を加えた。

注

(1) 例えば、若田部昌澄早稲田大学教授や田中秀臣上武大学教授などが日銀を厳しく批判している（若田部［2010］、田中（秀）［2010］）。田村秀男産経新聞編集委員兼論説委員は、財務省や日銀の似非エリートが意図的にデフレ不況を引き起こしており、消費税引き上げは財務省の利権拡大のためである、と痛烈に批判している（田村［2014a］）。

(2) マルクス主義史観の視点から日本資本主義論争をまとめたものに、山本［2002］。

(3) デフレ不況については、三和［2012］も参照した。

(4) 戦後になってからも、一九五〇年代後半に東大で学生生活を送った者の中には、資本主義を打倒して社会主義社会を建設するために経済史研究を志した者もいる。詳しくは高村他［2010］。

(5) アフリカ諸国の経済は、一九六〇年代には高成長を続けたが、七三年の石油危機を転機に九〇年代半ばまで停滞、あるいは衰退した。アフリカの一人当たりＧＤＰ成長率は八〇年代はマイナス一・三%で、九〇年代前半はマイナス一・八%である。マイナス成長の時期は、独裁的政治体制が支配的になった時期と重なっている（絵所［2001］二一～二四頁）。日本ではバブル経済という高成長時代の次に、長期間のデフレ不況が続いたが、デフレ不況期は二世議員の増加によって（つまり国会議員の能力低下によって）官僚支配が強化された時期と重なる。

（6）国債の日銀直接引き受けではなく、政府紙幣の発行とする理由は、多くの日本人は「金本位制シンドローム」に囚われているため、国債発行残高が増加すると、財政破綻するのではないかと危惧するからである。詳しくは、金子［2011］第二章及び第七章第三節参照。

書評

セルジュ・ラトゥーシュ（中野佳裕訳）『〈脱成長〉は、世界を変えられるか？——贈与・幸福・自律の新たな社会へ』

本書は、序章と終章を加えて、四部十章構成である。それに、日本語版の序文と付録、訳者による日本語版解説が収録されている。訳者によると、「本書におけるラトゥーシュの議論は、二〇世紀後半から現在までに世界で展開している産業文明批判の様々な思想潮流を脱成長論の視点から統合したものである」（三〇六頁）。

本書は、成長主義を批判し、「脱成長」を唱えている。脱成長社会の根幹となるシステムが「贈与」である。ラトゥーシュによれば、成長主義とは、近代西洋から現在まで続く社会経済システムのことのようである。したがって、ラトゥーシュの成長主義批判は、現代文明に対する批判であると同時に、近代西洋文明に対する批判である。

ではなぜ、成長主義を捨て去り、脱成長社会を建設しなければならないのか。それは、成長主義が、人間を搾取し、資源を浪費し、環境を破壊するからであり、生物圏の再生能力を超える活動によって、カタストロフ、すなわち文明崩壊の時期が、危険なほどに近づいているからである(五一頁)。

つまりラトゥーシュは、人間の搾取、資源浪費、環境破壊が成長主義の本質であり、それゆえに、脱成長社会を建設しなければならない、と考えているのである。

ラトゥーシュのこうした「脱成長」論は、フランスの哲学者アラン・バディウから「新しいコミュニズムの仮説」と評されている(三二〇頁)。しかしながら、ラトゥーシュの「脱成長」論=新しい共産主義論は、古い共産主義論と、根本的な部分は同一である。「成長主義」を「資本主義」に、「脱成長」を「共産主義」に置き換えてみよう。「人間の搾取、資源浪費、環境破壊が資本主義の本質であり、それゆえに、共産主義社会を建設しなければならない」となる。昔の共産主義者の主張と何ら変わらない。

ここでいったんラトゥーシュから離れて、資本主義の本質について考えてみよう。共産主義者達は、労働者の搾取が資本主義の基盤であると考えた。なぜなら、資本主義の発展には資本蓄積が必要不可欠であり、その資本蓄積は、労働者に対する過酷な搾取によって進展するからである。共産主義者達は資本主義をこのように捉えたがゆえに、資本主義そのものを打倒し、搾取のない共産主義社会を建設しなければならないと考えた。

しかし、こうした資本主義に対する認識は、正しかったのであろうか。結論を先に述べると、誤りである。搾取によって資本主義が発展するとの見解については、日本では、一九三〇年代から長年に渡り論争が行われてきた。具体的には、講座派と呼ばれるマルクス主義者の研究者達が、日本資本主義の基盤は日本人の搾取であると、主張し続けてきた。彼らによると、寄生地主制と財閥が、農民と労働者を過酷に搾取することによって資本蓄積を進め、それにより戦前期の日本資本主義は発展した。だが、故・正田健一郎早稲田大学名誉教授が正しく喝破したように、寄生地主制や財閥による過酷な搾取は、日本資本主義の基盤ではなく、むしろ桎梏、すなわち手枷足枷であった。戦後改革によって、寄生地主制と財閥は解体され、労働組合が強化された。それにより、日本資本主義の基盤であったはずの過酷な搾取による資本蓄積が不可能になった。にもかかわらず、戦後の日本資本主義は衰退しなかった。逆に、めざましい戦後復興を遂げ、それに引き続き驚異的な高度成長を実現し、英国やフランスを追い抜き、世界第二位の経済大国となった（正田健一郎『日本における近代社会の成立〈中巻〉』三嶺書房、一九九二年、五四〜五五頁）。

日本資本主義は、日本人搾取という桎梏から解放されたため、戦後、急成長を遂げたのである。搾取は資本主義の基盤ではなく、単なる桎梏である。それは、日本資本主義だけではない。資本主義全般に言えることである。共産主義者達は、資本主義に対する認識が、根本的に間違っていたのである。

さて、ラトゥーシュの「脱成長」論に話を戻そう。果たして経済成長は、人間の搾取、資源浪費、環境破壊を基盤としているのであろうか。現代社会、特に近年の米国が世界中で推進している新自由主義の下では、過酷な搾取、資源の大量浪費、深刻な環境破壊が発生している。評者も、これまでの著書や論考で、その点を厳しく批判してきた。だが、人間の搾取、資源浪費、環境破壊は、現代文明、あるいは米国経済や日本経済の基盤なのであろうか。逆である。桎梏である。本質ではないものを、本質だと誤認してはならない。

ラトゥーシュは、脱成長を、挑戦であり賭けである、と主張する。そして、その挑戦は挑むに値するものであり、その賭けは試すに値する、と力を込める（一七頁）。

果たしてそうであろうか。共産主義国家のソ連は、いったいなぜ崩壊したのか。根幹に据えた「贈与」というシステムそのものに、欠陥があるからだ。「贈与」システムの欠陥については、アダム・スミスが『国富論』の中で、慈善家と乞食のエピソードを挙げて指摘している（金子晋右『文明の衝突と地球環境問題』論創社、二〇〇八年、三五～三六頁）。

ラトゥーシュはその点について、「スミスの思想において慈善とは物乞いが頼みの綱とするもの」と述べている（一〇〇頁）。認識違いも甚だしい。乞食が頼みの綱とするのは、慈善家による贈与ではなく、乞食同士の間の「交換」である。慈善家がどれほど多くの贈与を行ったとしても、もし「交換」システムがなければ、贈与された物資の大部分は、乞食のニーズを満たさず無駄となり、乞食の生活はほとんど改善されない。

「交換」システムとは、市場システムのことである。スミスによれば、国富（国全体の商品の量）の増加、すなわち経済成長は、分業による効率化、つまり生産性向上によって生じる。諸個人は、分業によって増産した商品を自由に交換し合い、自らのニーズを満たす。市場システムは、個人の生活を向上させ、国全体でも経済成長を実現する。搾取、資源浪費、環境破壊は、経済成長を促進しない。阻害要因である。

市場システムを否定した共産主義国家は、政府が計画的に生産した商品を、国民に「贈与」した。だが贈与する側の政府は、受け取る側の国民のニーズを、的確に把握できない。ゆえに共産主義国家は、大量の資源を浪費しながら、国民の生活を貧窮化させ、多くの国民を餓死させた。スターリン時代のソ連、毛沢東時代の中国、カンボジアのポル・ポト政権、北朝鮮の金正日政権、等々。

訳者の中野氏は、「私たちの生活世界の基層を成す〈感性のレジーム〉も変えていかねばならない」と主張する(三〇八頁)。この部分を目にして、毛沢東の思想改造や文化大革命を思い出したのは、評者だけであろうか。

ラトゥーシュは「脱成長の企図はユートピア」と述べる(二六〇頁)。だが、脱成長社会の建設への挑戦を、もし現実に実行すれば、過去の共産主義国家と同様に、確実に人民大量死を招く。根本的な部分で誤っているため、ユートピア社会の実現は、一〇〇%ありえない。ゆえに、試すに値しない賭けである。共産主義者達は、いったいどれだけ多くの人間を殺せば、自らの過ちに気づくのであろうか。

〔作品社、二〇一三年、二四〇〇円+税〕

初出 「書評 セルジュ・ラトゥーシュ著、中野佳裕訳『〈脱成長〉は、世界を変えられるか? 贈与・幸福・自律の新たな社会へ』」『比較文明』（比較文明学会）第三〇号、二〇一四年一〇月。

補論2　人間の安全保障と経済成長——日本経済史の視点から

1　問題の所在　社会科学者の共感呪術、反復強迫、魔女狩り

世界は混迷を深めている。環境を破壊し資源を浪費する一方で、搾取の強化によりワーキング・プア（働く貧困層）が増加している。貧困と欠乏を背景に、国内では、薬物乱用、児童虐待、ドメスティックバイオレンス（家庭内暴力）、ストーカー殺人、無差別殺傷事件が頻発し、海外では、テロ、内戦、国家間紛争が激化している。こうした現状を背景に、現代文明、成長主義、資本主義など、呼称は様々だが、我々の社会経済システムそのものに対する批判が強まっている。だが、環境破壊、資源浪費、搾取は、我々の社会経済システムの基盤や本質なのであろうか。もちろん、否である。

環境破壊については、既に金子［2008］第四章で検討したように、私有か、共有か、公有かと

いった所有形態の相違と、環境破壊とは、全く連関がなかった。つまり、資本主義体制か社会主義体制かといった問題と、環境が破壊されるか保全されるかという問題は、連関していなかった。いずれの所有形態においても、クローズド・アクセス（排他的利用制限）と利用期間の永続性の二条件を満たしていれば、持続的経営が実現し、環境は保全される。逆に二条件のどちらか一方でも欠けると収奪的経営となり、いずれの所有形態でも環境は破壊される。よって、ガレッド・ハーディンの「コモンズの悲劇」論文（一九六八年）に影響を受けた者達は、所有形態の相違、すなわち資本主義体制か社会主義体制かという本質ではないものに拘泥し、長年に渡って無益な論争を続けてきたのである。

なお、オープン・アクセス（誰でも自由に環境資源を利用可能な状態）が、いかに甚大な環境破壊をもたらすかについては、我々日本人は昨年（二〇一四年）、イヤになるほど見せつけられた。二〇一四年の九月から十一月にかけて深刻化した中国漁船宝石サンゴ密漁事件である。小笠原諸島は、二〇一一年六月に世界自然遺産に登録された。人間が長年に渡り居住し、自然環境を利用し続けてきたにもかかわらず、豊かで美しい自然環境を維持できた理由は、上記の二条件を満たしていたからである。宝石サンゴは非常に成長が遅いものの、自然成長率の範囲内の採取ならば、採取しても減少しない。そこで東京都は漁業調整規則によりサンゴ漁を許可制とし、他地域の漁民によるサンゴ漁を事実上禁止した上、小笠原の漁民にも厳しい利用制限を課してきた。

だが突然、最大で二一二隻に達する中国漁船が押し寄せた。海上保安庁は巡視船を急派したが、当初はわずか二隻であった。これでは、密漁を阻止できない。中国漁船にとって同海域は、事実上のオープン・アクセスとなった。オープン・アクセスの場合、資源の利用は早い者勝ちとなる。中国密漁船は、他の密漁船にとられる前に、できるだけ多くのサンゴをとろうと乱獲した。その上、大量のゴミ類をばらまいた。なぜなら中国密漁船にとって同海域の利用期間は、資源を取り尽くすまでの短期間であるため、環境に配慮する必要がないからである。二〇一五年三月の水産庁による海底調査では、中国漁船のプラスチック製残存漁具が大量に確認されており、海洋生態系への長期的悪影響が、懸念される（新聞各紙の報道及び水産庁ホームページによる）。

次に、資源浪費の問題は、既に金子［2011］第六章で検討したように、資源浪費型のアメリカン・ウェイ・オブ・ライフ（米国的生活様式）の世界的普及によって深刻化しているが、これも、資本主義の本質ではない。同生活様式は、冷戦期において、共産主義のソ連に対し、米国資本主義の経済的優位をアピールするために、米国政府が強化・推進したものである。冷戦が終わった現在、もはや推進する必要のない過去の遺物である。

搾取も、資本主義の本質ではない。マルクス主義者達によると、資本主義の発展には資本蓄積が必要であり、資本は労働者の搾取により蓄積される。講座派と呼ばれた日本のマルクス主義者の主流派は、戦前期の日本資本主義は、寄生地主制と財閥が、農民と労働者を過酷に搾取することによって資本蓄積を進め、それにより発展した、と主張した。だが戦後改革によって、寄生地主制と財閥は解体され、労働組合が強化された。それにより、日本資本主義の基盤であったはずの過酷な搾取による資本蓄積が不可能になった。にもかかわらず、戦後の日本資本主義は、衰退するどころか、逆に驚異的な戦後復興と高度成長を実現した。その理由は、搾取は資本主義の基盤ではなく、桎梏、すなわち手枷足枷だったからである（正田［1992］五四～五五頁）。マルクス主義者達の資本主義に対する認識は、根本的に間違っていたのである。

文化人類学の用語では、関連していない二つの現象・事物等を、関連していると認識して行う行動を、「共感呪術」と呼ぶ。一つ例を挙げよう。未開社会では、しばしば雨乞いの儀式を行う。なぜならその儀式が、雨を降らせると信じているからである。つまり、雨乞いの儀式が原因となり、降雨という結果が生じると捉えている。もちろん、自然科学的には、そのような連関は存在しない。

講座派はコミンテルン（国際共産党。事実上のソ連共産党）の三二年テーゼに基づき、一九三〇年代に生まれた学派だが、一九六〇年代に入り日本が高度成長期を迎えると、現実と乖離しすぎたため、ソ連からも見捨てられ、はしごを外された（正田［1992］五〇～五五頁）。つまりソ連自体が、三二年テーゼと講座派の学術的な誤りを認めたのである。だがその後も、日本の講座派は死滅しなかった。ソ連崩壊後は悪い意味での進化を遂げ、近年では、デフレ不況や国民の貧困化は、低賃金労働者を増加させるため資本蓄積が進展する、と主張し、日本銀行や財務省の政策に悪影響を与えている。

講座派が未だに死滅しない理由は、心理学の反復強迫で説明可能である。反復強迫とは、自分のある言動を一度正当化すると、実際には誤った言動であっても、主観的には正しい言動のため、何度も同じ言動を繰り返す、という心理現象である。しかも、その言動が誤っているのではないかと薄々感じたとしても、自分の誤りを認めることは、精神的な苦痛をもたらす。そのため、その精神的苦痛を避けるために、他人からの批判を無視して正しいと強く思い込む。それにより、長期間に渡り同じ誤った言動をとることになる（金子［2014c］六～一一頁。本書第六章参照）。二〇歳代の若い時に講座派理論にのめり込んだ者が、六〇歳代や七〇歳代になって、もし講座派の誤りを認めたならば、それは自分の人生の否定につながりかねず、その精神的苦痛は計り知れない。ゆえに講座派は、未だに死滅しないのである。

では次に、なぜ講座派が、日本のマルクス主義者の中で主流派となり、東大生を始め多くの国立大生を虜にしたのか。それは、魔女狩り的要素があったからだ。講座派は、日本資本主義を、火あぶりにする魔女に仕立て上げたため、苦学生達に熱狂的に支持された。三二年テーゼと講座派は、当時の日本に対し、「半封建」、「封建制の遺物」、「前資本主義的」、「絶対主義的」といった、マルクス発展段階史観において「後進性」を意味する用語を並べ立てるのと同時に、「強盗的帝国主義」だと非難した。レーニンの『帝国主義論』（一九一六年刊）によれば、帝国主義とは資本主義の歴史的最高段階である。近代日本が、「半封建」や「前資本主義的」であり、同時に帝国主義でもあるとの主張は、マルクス主義的視点において明らかな矛盾である。ゆえに、「半封建」や「強盗的帝国主義」といった用語を、学術用語として認識したマルクス主義者は、講座派に反対せざるを得ない。だが、講座派を支持した当時の若者達は、学術上の矛盾には悩まなかった。なぜならそれらの用語を、処刑台の魔女に投げつける罵倒の言葉だと本能的に見なしたからである。高度成長期以前の日本には、多くの貧困層がいた。貧困によって強い精神的ストレスにさらされていた苦学生にとって、経済学を学問として地道に学ぶよりも、講座派を支持し、日本資本主義を魔女に見立てて罵倒するほうが、ストレス解消になったのだ。

ちなみに近世欧州で多発した魔女狩りの背景には、寒冷化による農産物の不作と、それによる民衆の生活苦があった。欧州の民衆は、天候魔女が冷夏をもたらしたと考え、多くの女性を魔女に仕立て上げて処刑した。そのようにして、生活苦による精神的ストレスを緩和したのである（安田［2004b］一五二～一六三頁）。

二十一世紀を生きる我々は、自然科学に関しては、共感呪術を克服している。だが社会科学に関しては、共感呪術、反復強迫、魔女狩りの三大問題点を未だに克服していない者が多い。それが、環境破壊を始めとした冒頭の諸問題の解決を阻む一因となっている。

共感呪術、反復強迫、魔女狩りの三点を排除し、冷静かつ合理的に取り組めば、問題の多くを解決できる。次節では、経済成長について検討する。なぜならこの二十年ほどの日本では、経済の停滞と貧困により、児童を含めた多くの国民の「人間の安全保障」（人間の生命や人間らしい生活を守ること）が脅かされているからである（この点について詳しくは金子［2011］第三章・第四章参照）。

2　経済成長の基盤としての大衆需要

経済成長とは、国内総生産（GDP）の継続的な増加のことである。つまり、国内における商品の総生産が増加することである。では、経済成長という結果をもたらす原因は何か。需要である。需要がなければ商品は生産されず、商品生産のための投資も行われない。

需要を重視した最初の経済史家は、ヴェルナー・ゾンバルトである。彼の代表作『恋愛と贅沢と資本主義』（一九一二年刊）では富裕層の贅沢による需要に、『戦争と資本主義』（一九一三年刊）では戦争や大規模軍隊の維持による需要、すなわち政府による需要に、着目した。ゾンバルトによると、富裕層や政府による需要が、資本主義を発展させる、すなわち経済成長させる。

日本では、近代日本の工業化成功の理由として、需要を重視した研究に、故・正田健一郎早大名誉教授の「伝統的需要構造」論がある。正田は、近代日本の機械綿紡績業は、日本国内の和服の需要を基盤に発展した、とする（正田［1971］）。近代日本の和服需要の大部分は、一般庶民によるもので、日本の工業化は大衆需要によるものである。なお、通俗的なイメージとは異なり、日本経済は貿易依存度が低いため、近現代の日本の経済成長は、常に内需主導型である。日本の輸出依存度は、産業革命期の一八九〇年代は六％～一一％で、高度成長期の一九六〇年代は一一％前後である（金子［2010］序章、四四～四五頁）。

戦後の日本では、社会全体で労働者の搾取を緩和した。前述の労働組合の強化に加え、人材派遣を禁止して中間搾取を一掃した。搾取緩和により賃金が上昇し大衆需要が増加、それにより経済成長が実現した。

驚異的な高度成長（一九五五〜七三年）の原因は、一九五五年に誕生した自民党政権の諸政策にある。完全雇用政策、貧困解消、大衆減税などにより大衆需要が急増、高度成長が実現した（金子［2014b］。本書第五章）。失業者や貧困層は、わずかな商品しか購入できない。よって、完全雇用政策によって失業者を減らし、諸政策で貧困層を中流層に引き上げれば、国全体で大衆需要が増加し、経済は成長する。

だが一九九〇年代以降、人材派遣法の改悪による中間搾取の強化や、大衆増税である消費税引き上げなどによって、社会全体で搾取が強化された。そのため大衆需要が減少、経済が停滞し、「失われた二十年」が発生した。

今後の日本でも、完全雇用政策によって失業を減らし、中間搾取を一掃し、高賃金政策、大衆軽税政策、福祉充実等によって貧困を解消すれば、大衆需要が増加し、経済は成長する。経済成長によって貧困が解消するのではない。因果関係が逆である。貧困解消が経済成長を実現する。人間の安全保障を守ることによって、経済は成長するのである。

それでは、貧困解消のための資金は、どのように調達するのか。中央銀行の輪転機である。ポスト金本位制時代の現在、資本蓄積など全く必要ない。財源問題に拘泥する者は、マルクス主義者と同様に、十九世紀的な金本位制思考に囚われている。不換紙幣の価値の源泉は、その国家の生産力である。現在の日本のように、第一に巨大な生産力があり、第二に充分な警察力がある国家では、どれほど不換紙幣を増刷しようと、ハイパー・インフレが発生することはあり得ない（詳しくは金子［2011］第二章）。

環境破壊、資源浪費、搾取は、我々の社会経済システムの基盤ではない。本質でもない。桎梏である。社会科学における共感呪術、反復強迫、魔女狩りを克服した時に、我々は桎梏を自ら外して捨て去ることができる。その時我々の社会は、環境保全型人道主義的経済成長を経験する。

3　結論　人道主義的経済成長戦略

筆者はかつて、年三％のインフレ目標政策を導入し、年間一五兆円ほどの紙幣を増刷、それを低所得層へ各種手当てなどとして投入することを、提言した。なぜならそれにより、人間の安全保障が守られるのと同時に、消費拡大により経済が成長するからだ（金子［2008］七四頁）。まさに一石二鳥の政策である。ちなみに、限界消費性向（所得増加分に対する消費増加分の割合）は、低所得層は高く、高所得層は低い。つまり、低所得層は所得が増えると、その大部分を消費に充てる。それは企業の売り上げ増加となり、経済を成長させる。一方、高所得層は所得が増えると、不況の時は退蔵するため死に金となって社会的無駄となり、好況の時は株や土地を購入するためバブルの元凶となる。ゆえに高所得層ではなく、低所得層への資金投入が、最も少ない資金で最も効率よく経済を成長させる。人間の安全保障を守る人道主義的政策こそが、最も効率の良い経済成長戦略なのである。

初出　「人間の安全保障と経済成長――日本経済史の視点から――」『地球システム・倫理学会会報』第一〇号、二〇一五年一〇月。

※若干の加筆修正を加えた。

結びにかえて――市場原理と共同体原理

日本は、一九八〇年代の中曽根康弘政権以降、米国の影響を受けて、公営企業の民営化や、各種の規制緩和など、市場原理を重視した改革を進めてきた。

日本は、民主主義国家である。ゆえに、日本国民が真に求める国造りを推進するべきである。

では、日本国民は、市場原理を重視した国造りを望んでいるのであろうか。

否である。多くの日本人は、自分の人生を、市場原理を重視して生きていない。例えば、就職する際に、収入の多寡だけを重視して、職業・職種・就職先を選ぶ日本人は、少数派であろう。

では、多くの日本人が重視している原理は、何であろうか。筆者は、その原理を、共同体原理と呼ぶことにする。

ここから先は、綿密な実証ができないため、筆者の観察に基づく仮説である。

共同体原理に従って人生を生きている日本人が求めるのは、どのような社会であろうか。

江戸時代のような社会である。

なぜか。

二十一世紀の日本人は、江戸時代の日本人と、本質的な部分が何も変わっていないからである。

なぜなら、同じエートスを持ち続けているからである。

エートスとは、部族・民族などの特定の集団を、一定の行動に向かわせる価値観などの内面的原理である。

エートスは、通常、数百年程度では変化しない。江戸時代が終わり、明治になってから、来年(二〇一八年)で、ようやく一五〇年である。こんな短い時間では、変わっていなくて当然である。日本民族全体のエートスも江戸時代と同じであるが、各地域ごとのエートスも変化していない。地域エートスを、一般的な言葉で表現すれば、県民性である。各地域の県民性は、江戸時代と同じである。本書第一章で取り上げた佐賀藩士山本常朝の『葉隠』は、三〇〇年前に著された書であるが、佐賀人の県民性は、全く変わっていない。これは、良い悪いの問題ではない。県民性は変えることはできないし、変える必要もない。山本常朝が喝破しているように、よその地域をまねても、にせものにしかなれない。

変わらないのは、地域エートスだけではない。職業エートスもまた、江戸時代と同じである。二十一世紀の日本人の職人エートスが、江戸時代の職人エートスから、大きく変化していると考える者は、いないであろう。

江戸時代には、士農工商の四つの身分があり、明治時代になって四民平等になった、という通俗的なイメージがある。実際には、武士・町人・百姓の三区分であり、町人とは、行政上の「町」に居住する庶民のことである。「百姓」とは、「町」以外に居住する庶民のことである。

よって、「百姓」身分の者の中には、商業や手工業に携わる者も数多くいた。そのため、江戸時代の総人口に占める百姓身分の者の比率は約八割だが、実際の農業民の比率は総人口の六割で、穀物生産者に限定すると五割程度であった（本書第四章）。

百姓身分の者は、自作農の本百姓と、農地を持たない水呑百姓に分けられる。水呑百姓の中には、貧しい小作農もいるが、商業や手工業を本職とする者もいる。税である年貢も、社会保障である郷蔵（本書第四章参照）も、農地の石高に基づいて負担するため、本百姓は負担するが、水呑百姓は農地を保有していないため、負担しない。

手工業者が職人エートスを持っているように、商人は商人エートスを持っている。同様に、本百姓は、本百姓エートスを持っている。

本百姓エートスとは、以下のようなものである。

第一に、まじめに働き、納税する。どんなに酷い生活苦に陥っても、再分配の受給者になることを拒否する。生活が苦しくなればなるほど、再分配に反対する。なぜなら、本百姓は、年貢と郷蔵（税と社会保障費）の負担者であり、その受益者が水呑だからである。

低所得者向け制度を利用し、再分配の受給者となることは、本百姓エートスの持ち主にとって、水呑に転落することを意味する。ゆえに、どんなに酷い生活苦に陥っても、低所得者向け制度の利用を拒否し、必死に歯を食いしばり、質素倹約に努め、より多く働くことで収入を増やそうとする。

米国の調査機関ピュー研究所は、自由な市場経済による競争と、政府による再分配についての支持率を、二〇〇七年に国際比較調査した。その結果は、競争と再分配の両方、もしくはどちらか一方を、支持する国ばかりであった。だが日本は、両方の支持率が、国際的に最も低かった。つまり、市場競争にも再分配にも反対なのである（大竹文雄『競争と公平感――市場経済の本当のメリット』中公新書、二〇一〇年、五～一二頁）。

だが、日本人の多くが本百姓エートスの持ち主で、江戸時代のような社会を理想としているならば、この調査結果には、何も不思議な点はない。

市場における競争が活発化するように、自由化・規制緩和を進め、市場原理を貫徹しやすくすると、農家経営が不安定となる。例えば、コメ価格が市場原理により大きく変動する場合を考えてみよう。

コメ市場の自由化が進むと、豊作になると、コメ需要が一定であるにもかかわらず、コメ供給が増加するため、コメの市場価格が下落する。コメ価格の下落により、多くの本百姓の農家経営は悪化し、赤字化する。その赤字は貯蓄しておいた資金で穴埋めするが、貯蓄がなくなれば、農地を担保に借金し、埋め合わせなければならない。翌年以降もコメ価格が下げ止まりし続ければ、借金を返せなくなり、担保の農地を失う。自作農から小作農に、つまり、水呑に転落する。これが、本百姓が最も恐れる最悪のシナリオである。だがこうしたケースは、江戸時代後期から戦前昭和期まで、しばしば発生してきた。

本百姓の最優先目標は、本百姓としての家（イエ）を維持することである。そのためには、農地を維持しなければならない。だが、市場原理は、農産物価格を変動させ、農家経営を不安定化させる。それにより、農地や家の維持を困難にする。ゆえに、本百姓エートスの持ち主は、市場原理に基づいた競争に反対なのである。

市場原理により、生活苦に陥った本百姓エートスの持ち主は、減税や社会保障費負担の減額を、内心願う。だが、口には出さない。なぜなら、年貢・郷蔵（税・社会保障費）の負担は、本百姓の義務であるが、その義務には、誇りが伴っているからである。本百姓としての義務を果たせなくなった時、本百姓としての誇りも失ってしまう。ゆえに、本百姓エートスの持ち主は、減税や社会保障費の減額を口にしない。代わりに、再分配に反対し、政府や政治家に対し、「無駄削減」を執拗に迫るのである。

なお、本百姓エートスの持ち主は、再分配とは、自分達本百姓が負担し、水呑が受益者となるシステムだと思い込んでいる。なぜなら、江戸時代の頃は、そうだったからである。

近年、生活保護受給者に対するバッシングが、しばしば発生する。一見これは、弱者であるワーキング・プアが、同じ弱者の生活保護受給者を叩いているように見える。だが実際には、「本百姓」が「水呑」を叩いているのである。生活保護受給者へのバッシングでは、本当は働けるのに怠けて働かず、パチンコをして遊んでばかりいるロクデナシ、というイメージがしばしば語られる。そもそも生活保護費の金額では、パチンコをして遊んでばかりいることはできない。

一種の都市伝説であろう。

「怠け者の浪費家で遊び人の博打打ち」という水呑像は、自作地を失って小作農に転落する潰れ百姓のイメージを、水呑に投影したものである。なぜなら、子供の頃、親から教わるからである。怠けていると、無駄遣いばかりしていると、ギャンブルに手を出すと、水呑に転落する。子供の頃、そう脅されながら、勤勉と倹約を躾けられる。そのため、水呑は皆、怠け者の遊び人だと思い込んでしまう。当然のことだが、現実の江戸時代の水呑百姓は、日々勤労に勤しんでいた。よって今後は、現実とイメージを区分するために、後者をカタカナでミズノミと表記する。

本百姓エートスの持ち主は、想像上のミズノミのイメージを、生活保護受給者にそのまま投影している。なぜなら、生活保護受給者は再分配の受益者であるため、水呑（ミズノミ）である。ミズノミは、怠け者の浪費家で遊び人の博打打ちが陥る状態である。ゆえに、生活保護受給者はパチンコばかりやって遊んでいるに違いない。そう思い込んでいるがゆえに、生活保護受給者をバッシングする。生活苦に必死に耐えている本百姓エートスの持ち主達は、生活が苦しくなればなるほど、空想の産物ミズノミに対して、怒りが高まる。自分達が納めた税を再分配してもらって、そのカネで遊んで暮らしていると思い込んでいるからだ。そのため現代の日本社会では、生活苦のワーキング・プアが増えれば増えるほど、生活保護受給者バッシングが蔓延してしまう。

近年は、マスコミによる政治家叩きも、度を超している。それは、多くの有権者が、政治家に対して、それだけ厳しい視線を向けているからである。例えば、舛添要一前都知事に対するバッシングは、常軌を逸していた。何も違法行為をしていない舛添都知事（当時）に対し、マスコミも有権者も、やめろやめろの大合唱で、ついに、任期途中の二〇一六年六月に、辞任に追い込んでしまった。念のために付言しておくが、筆者は、舛添氏を、都知事としても、政治家としても、まったく支持していなかった。だが、違法行為が確認されていないにもかかわらず、任期途中で辞任に追い込むのは、やはり、異常だと言わざるを得ない。

舛添氏が叩かれることになったきっかけは、公金を用いた海外出張で、豪勢な大名旅行を繰り返していたからである。いったいなぜ、日本の有権者の多くは、それに憤ったのか。それは、有権者が求める理想の政治家像が、本書第四章で取り上げた恩田杢のような自己犠牲的で清廉潔癖な清貧武士だからである。長引く景気の低迷で、生活苦に歯を食いしばって耐えている有権者は、数多くいる。彼らは、政治家達にも、自分達の生活苦を分かちあってもらい、苦しみを理解してもらい、減税によって生活苦を緩和してもらいたいのである。かつて江戸時代に、恩田杢がそうしたように。だが現在の日本には、そうした清貧武士的な政治家が、見当たらない。ゆえに有権者やマスコミは、政治資金のわずかな不適切処理を理由に、国会議員から地方議員に至るまで、激しくバッシングするのである。

山尾志桜里衆議院議員（当時民進党。二〇一七年九月に離党）の年下弁護士とのダブル不倫疑惑も、多くの国民が激しく憤り、民進党支持率急落の一因となった。赤の他人の不倫疑惑に対し、日本ではなぜ、激しい怒りを持つ人々が多いのか。これも、現代の日本人が江戸時代人と同じであると考えれば、不思議なことではない。なぜなら、江戸時代、不倫は密通と呼称され、男女ともに死罪であったからだ。もっとも実際には、裁判沙汰になることは滅多になく、間男が、妻を寝取られた夫に慰謝料を支払って一件落着とすることが多かった。その後、明治になると、密通は姦通と呼称され、刑法第一三八条により二年以下の懲役となった。さらに、戦後になってからは、刑法上の犯罪行為として処罰されなくなった（丹野顯『江戸の色ごと仕置帳』集英社新書、二〇〇三年、二一六〜二二三頁）。

多くの日本人が、山尾議員の不倫疑惑に憤ったのは、江戸時代ならば死罪に相当する行為だったからである。

本百姓エートスの持ち主は、おそらく、日本人の半数を占める。例えば、日本の全就業者に占める農業就業者の割合は、一九二〇年は五一％で、一九五〇年は四五％である（矢野恒太記念会編集・発行『数字でみる　日本の一〇〇年』改訂第六版、二〇一三年、一七四頁）。一九二〇年生まれの人は今年九七歳である。その孫の世代は、現在三〇歳代から五〇歳代である。一九五〇年生まれの者は今年六七歳で、その孫の世代は、二〇歳代以下である。一九五〇年に農家で生まれた者が、成人後に都会で会社員をし、都会で子供を産み育てたとしても、その子供は、崩壊家庭で育ったのでない限り、親から同じ価値観を受け継いでいるはずだ。その孫も同様である。

では、日本人の半数を占めると推定される本百姓エートスの持ち主が、本当に望む社会の特徴とは、どのようなものか。

第一に、資本主義社会を望み、共産主義社会に断固反対する。なぜなら、農地を私的所有し続けることが、本百姓としての地位・家柄を保つための必要条件だからである。だが、共産主義社会では、全ての農地は、公有となる。それは、全ての本百姓が、水呑に強制転落させられることを意味する。ゆえに彼らは、たとえどんなに貧しくとも、戦前期より現在に至るまで、共産主義に反対し、私的所有権を重視する資本主義体制を支持し続けるのである。

第二に、本百姓エートスの持ち主は、市場原理による変動を嫌う。理由は、前述のように、農家経営や家計が打撃を受け、不安定になるからだ。なお彼らは、規制緩和などの経済の自由化によって、利益を受けることは、ほとんどない。なぜなら、彼らは利益を求めないからである。本百姓エートスの持ち主は、商人エートスとは異なるため、額に汗して得る稼ぎ以外の利益を嫌う。しかも、自分一人がそうした利益を得た場合、農村共同体から追い出されるのではないかとの不安に駆られる。

規制緩和は、全ての者に、利益を得る機会と、損失を発生させる機会の両方をもたらすはずである。だが、本百姓エートスの持ち主は、利益を求めないため、一方的に不利益だけを被る。ゆえに彼らは、規制緩和などの市場原理を重視した改革を嫌い、規制存続による経営基盤や家計の安定を求める。

それでは、この二つの特徴を、図示しよう。

図1を見てもらいたい。縦軸は、上が資本主義で、下が共産主義である。縦軸の基準は私的所

図1　日本人が望む社会像

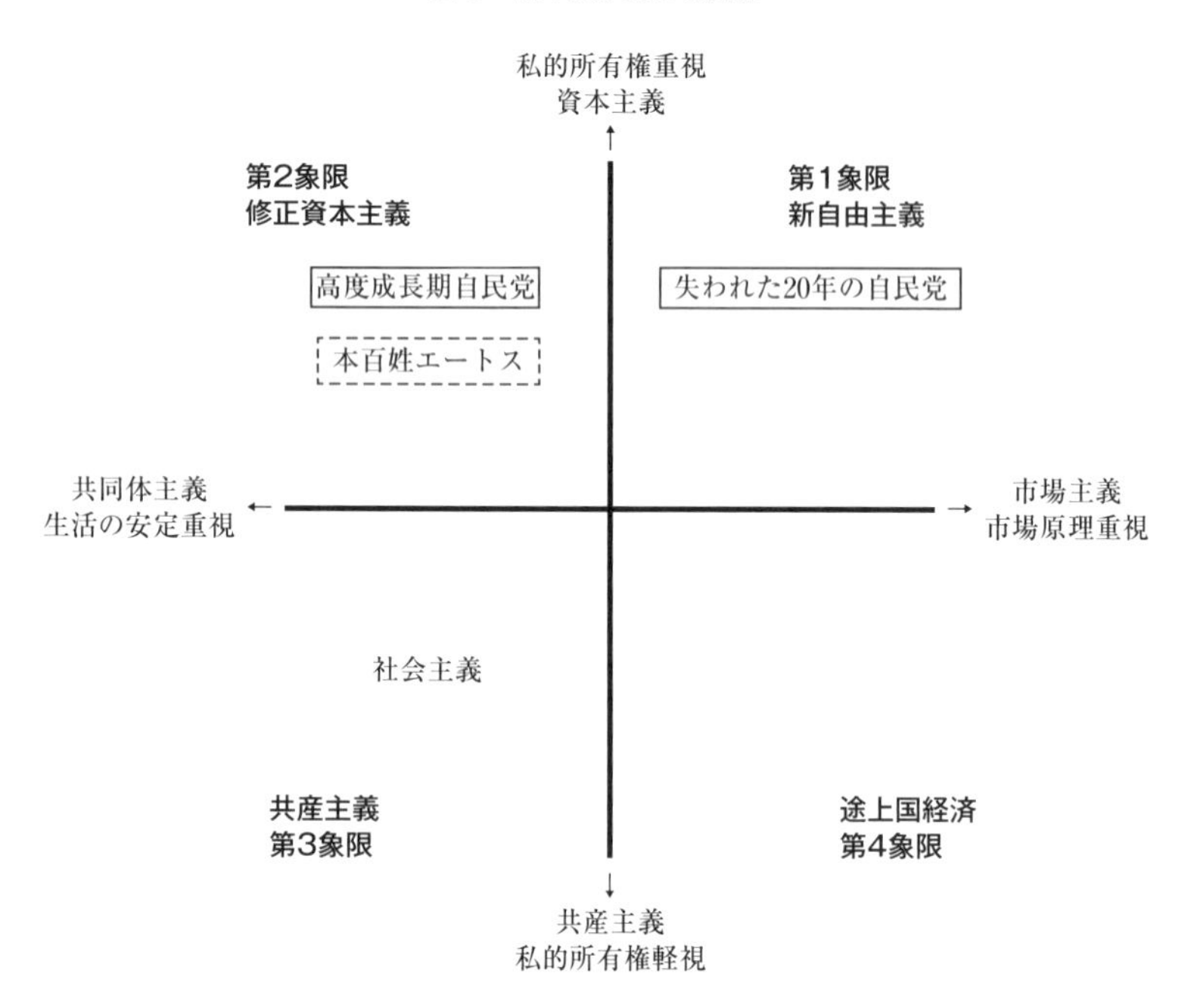

有権である。上に行けば行くほど、私的所有権を重視し、下に行けば行くほど、私的所有権を軽視もしくは否定する。

横軸は、右が市場主義で、左が共同体主義である。横軸の基準は市場原理である。右に行けば行くほど市場原理を重視し、左に行けば行くほど生活の安定を重視して、規制によって市場原理による変動を抑えようとする。

なお、右上部分が第一象限、左上部分が第二象限、左下部分が第三象限、右下部分が第四象限である。

右上の第一象限は、私的所

有権と市場原理を重視するため、新自由主義である。

　左上の第二象限は、私的所有権は重視するが、市場原理による変動を抑えようとするため、修正資本主義である。

　左下の第三象限は、私的所有権より公有を重視し、市場原理よりも生活の安定を重視するため、社会主義や共産主義である。純粋な共産主義は私的所有権も市場原理も全面否定するため、第三象限の最も左の最も下に位置する。一方、社会主義は、一定程度の私的所有権や市場原理も容認するため、第三象限の中の原点（縦軸と横軸の交差点）寄りの位置である。

　右下の第四象限は、市場原理を重視するにもかかわらず、私的所有権を尊重しない。このような経済思想は、学問的には存在しないが、現実の社会としては、途上国経済がこれに近い。途上国政府は、しばしば国民の人権や財産権を無視して踏みにじる。その一方で、政府が無能であるため、まともな規制や取り締まりができず、自由放任となり、むき出しの市場原理がまかり通る。現在の中国経済は、社会主義市場経済などと自称しているが、この途上国型経済の一亜種である。

　本百姓エートスの持ち主は、私的所有権を重視し、市場原理による変動を嫌って生活の安定を重視するため、左上の第二象限に位置する。

　さらに、一部の商人エートスや職人エートスの持ち主も、第二象限に位置づけられる。江戸時代の代表的商人グループの一つである近江商人は、売り手良し、買い手良し、世間良し、の「三方良し」を商人の心得としていた。「世間」を重視するということは、地域共同体の安定的維持を重視していることを意味する。したがって、商人ではあるが、市場原理よりも共同体原理のほうを、より重視する。また、江戸時代の職人の中には、陶磁器を焼く窯など、高価な資本財を親子代々相続してきた者もいた。そのような職人達の一部は、私的所有権を重視するがゆえに、第二象限に位置づけられる。

一九五五年に誕生した自由民主党は、かつて、日本国民から幅広い支持を得ていた。その理由は、結党から一九七〇年代までは、日本国民の半数以上が属する第二象限の政策を主張し、推進していたからである。

次に、第三象限に位置し、社会主義や共産主義を支持した人々は、どのような職業エートスの持ち主であろうか。江戸時代の水呑百姓身分の職人や商人の中には、個人が所有する道具や店舗などの資本財を、ほとんど持っていない、あるいはわずかしか持っていない者もいた。そのような職人や商人のエートスを継承した者は、私的所有権をあまり重視しないため、日本社会党や日本共産党に対し、抵抗感を抱くことなく、支持できたはずだ。

それでは、武士エートスの持ち主は、どの象限に位置するのであろうか。江戸時代の武士は支配者層であり、政治を独占していた。政治の独占は、同時に、大所高所から天下国家を考え、人民と社会の繁栄のために奉仕する使命を持つことをも意味した。そのため武士エートスの持ち主は、理想の社会の実現を志向するため、その時代の有力思想の影響を受けやすい。ゆえに、第一象限から第三象限にかけて、散在している。

一九六〇年代までは、日本の一流大学では、マルクス主義思想が、一世を風靡していた。加えて、当時の日本では、社会主義や共産主義は、貧困に苦しむ庶民を救う手段だというイメージがあった。そのため、人を救う活人剣思想を心に宿した武士エートスの持ち主達の多くは、社会主義や共産主義に共感し、日本社会党や日本共産党を支持した。

それに対し、一部の武士エートスの持ち主は、スターリンや毛沢東による自国民大量虐殺を深刻に受け止め、共産主義システムそのものに欠陥があると感じ、現実主義的な観点から、自民党を支持した。

一九九〇年代に入ると、日本の知識人の間でも、新自由主義思想が広まった。そのため、その時代の前後に学生時代を送った武士エートスの持ち主の一部は、第一象限に位置する。また、一部の商人エートスの持ち主も第一象限に位置する。江戸時代の商人は、近江商人のように、地域社会を大切にする立派な商人だけではなかった。現実には、目先の個人的利益ばかりを追求する商人も、少なくなかった。そうした商人エートスの持ち主は、当然、利益を得る機会の増加を求めるため、規制緩和などの第一象限の政策を求める。

近年、日本政治では、選挙の際に、「風が吹く」ことが度々ある。その理由は、日本国民の過半が第二象限の社会を求めているにもかかわらず、与党が第二象限の国造りを推進しなくなったからである。自民党の政策は、一九八〇年代以降、米国政府の圧力や、新自由主義思想の影響を受け、徐々に、第二象限から、第一象限へと移動してしまった。小泉純一郎首相（当時）が、

「自民党をぶっ壊す」と主張して大きな風が吹いたのは、多くの国民が、第一象限に移動した自民党を破壊してくれると思ったからではないか。だが実際には、小泉純一郎政権時代（二〇〇一～〇六年）に破壊されたのは、第二象限に残存していた自民党の支持基盤であった。

二〇〇九年の政権交代選挙で、民主党に大きな風が吹いたのは、「コンクリートから人へ」のスローガンを掲げた民主党が、第二象限の政策を推進してくれることを、多くの国民が、期待したからである。

今年（二〇一七年）の九月、小池百合子東京都知事が設立した希望の党に、瞬間的に大きな風が吹き、支持率が高まった。その理由も、第二象限の政策を期待したからである。だが、いわゆる「排除」発言の直後、支持率が急落した。本来、近代政党である以上、憲法観や基本的理念が大きく異なる者を入党させないのは、当然である。だが、共同体原理を志向する本百姓エートスの持ち主にとって、排除ほど忌むべきものはない。なぜなら、共同体から排除された者は、生きていけないからである。「排除」発言により、本百姓エートスの持ち主は皆、小池百合子知事や希望の党が、自分達の望む第二象限の国造りとは無縁だと気づいた。ゆえに、風が止んだのである。

本百姓エートスの持ち主をはじめ、過半の日本人が、私的所有権を重視し、生活の安定を重視した江戸時代のような社会を望んでいる。

ところで、近年、成長主義批判や脱成長論を唱える者がいる。いったいなぜ彼らは、経済成長に反対するのか。それも、江戸時代志向による。

一九九〇年代以降の日本では、新自由主義的な経済学者達は、規制緩和などの市場原理を重視した改革を、経済成長のためと称して推進してきた。そのため、多くの日本人にとって、経済成長という言葉は市場原理重視をイメージさせ、それは同時に、生活の安定の破壊をイメージさせた。そのため、江戸時代のような安定した社会を希求して、経済成長という言葉に反発しているのである。

筆者は最近になってこの点に気づいたのだが、それ以前は、成長主義批判や脱成長論を字句通りに受け止め、激しく憤っていた。「失われた二十年」により、どれだけ多くの日本人が、失業や生活苦で自殺に追い込まれてきたのか、なぜ日本人を大量虐殺するような主張を支持するのか、と憤慨していた。その憤慨していた当時に執筆したのが、本書所収の書評である。

本稿で記した江戸時代志向論や、日本人のエートス論は、綿密な実証ができないため、一つの仮説である。だがこの仮説は、現在の日本で生じている様々な現象を、矛盾なく説明できる。そのため、かなり説得力のある仮説のはずだ。

二十一世紀の現在、日本人の多くが希求する江戸時代のような社会は、修正資本主義により実現可能である。修正資本主義は、一九五五年から一九七〇年代まで、自民党政権が推進してきた。その時代、日本は大いに発展した。

とは言え、当時と現在とでは、異なる点もある。それが、高齢化である。既に二〇一二年に、六五歳以上の高齢者数が三〇〇〇万人を超えた（前掲『数字でみる　日本の一〇〇年』三二頁）。元気で働ける高齢者もいるだろうが、一般論としては、年をとればとるほど、労働市場で職を入手しにくくなる。無職の高齢者の生活を安定させるためには、本来ならば、再分配政策で問題を解決できる。だが、本百姓エートスの持ち主は、他人に再分配することも、自分が再分配の受給者となることも嫌う。本書第六章では、ベーシック・インカムなどの貧困解消策を提示した。だが、その論文を執筆した時点では、まだ筆者は、本百姓エートスという概念を、「発見」していなかった。

では、本百姓エートスの持ち主でも喜んで支持でき、かつ、労働困難な高齢者でも享受できる政策として、どのようなものが考えられるか。

それを考察する際に、ヒントになるのが、農家への補助金制度である。米国の農家は、政府からの補助金を嫌うが、日本の農家は補助金を嫌わない。その理由は、農業補助金を、農業という重要な価値を持つ仕事に対する報酬であり、かつ、自分の育てた価値ある農産物に対する正当な報酬だと認識しているからである。ゆえに、農産物は、何でも良いというわけではない。農家は今、家畜用の飼料米生産を、手厚い補助金によって推進する農水省に対し、不満を強めている。米国政府等の圧力により、日本人が食べるコメを外国から輸入しておきながら、自分達には家畜のエサを作らせようとしている。そのように憤っている。

つまり農家にとって、コメ作りは、単にお金を稼ぐための仕事ではない。日本人の命を支えるコメを作ることにより、自分達は日本を支えているのだ、という強い誇りを持っている。近年の農水官僚や政治家は、その農家の誇りを、忘れてしまっている。

話を元に戻そう。本百姓エートスの持ち主でも喜んで支持でき、かつ、労働困難な高齢者でも享受できる政策として、次のようなものはどうか。

名付けて、国民配当金制度である。

日本は、諸外国よりも遙かに治安が良好な国である。宗教の違いを理由に迫害されることもない、寛容な社会である。そのうえ、日本の街は、どの街も清掃が行き届き、清潔である。こうした安全・安心・清潔な社会を支えているのは、一人一人の日本国民である。また、日本は巨大な生産力を持つ先進国である。その生産力は、過去と現在の日本国民の努力と勤勉の積み重ねによって、築かれたものである。こうした立派な社会を建設し維持している国民に、国家の生産力によって生み出された富を配当する。

そのように主張し、十八歳以上の全ての日本国民に、国民配当金として、毎年、年間百万円を交付するのである。配当金ならば、株式の配当金と同様に、嫌われずにすむはずだ。そして、農家が農業補助金を、日本を支えている自分達に対する正当な報酬と受け止めるように、本百姓エートスの持ち主は、国民配当金を、日本の安全・安心・清潔・繁栄を支えている自分達への正当な報酬だとみなすのではないか。

もちろん、良好な治安に協力しない者、つまり、違法行為によって収監中の者や執行猶予中の者、それに反社会勢力の構成員は、交付対象から除かれる。

国民配当金の資金は、政府紙幣を発行してまかなう。日本全体で、年間百兆円ほど必要である。アベノミクスの第一の矢の金融緩和において、いわゆる黒田バズーカ第二弾（二〇一四年一〇月以降）で、年間国債買入額を五〇兆円から八〇兆円に増加させた。これは、その分の紙幣を増刷して、民間銀行等に資金を供給しているということだ。だが、インフレ目標二％は、まだまだ達成されていない。よって、日本の巨大な生産力の前では、この程度の紙幣増刷は、微々たるものに過ぎない。

国債発行ではなく、政府紙幣を発行する理由は、長年にわたる財務省の広報とマスコミ報道により、国債を借金だと誤解している日本人が多いからである。いったん定着した誤解を解くのは、容易ではない。

この国民配当金制度は、事実上、ヘリコプター・マネー政策とベーシック・インカムを組み合わせた政策である。ヘリコプター・マネー政策とは、ヘリコプターで上空から群衆に紙幣をばらまくように、中央銀行が増刷した貨幣を、国民に広くばらまく政策のことである。ベーシック・インカムは、全ての国民に、基礎的な所得を支給する政策である。だがこれらの政策は、日本国内では、不道徳的な政策だと思い込む人々が多く、評判が悪い。もちろん、これらの政策を不道徳視する人々は、本百姓エートスの持ち主である。だが、国民配当金制度という新しい呼称で、上記の趣旨をしっかり説明すれば、本百姓エートスの持ち主達も、納得して支持するのではないか。

この国民配当金制度により、ほぼ全ての国民の生活苦を緩和し、国民の生活をより安定化させることができる。そのうえ、百兆円分の貨幣増刷と財政支出拡大を実施するため、経済成長も実現する。しかも、直接国民に資金を提供するため、大衆需要が急増する。それにより、経済成長は高率となる。多くの国民が望む安定した社会を取り戻すのと同時に、もう一度、日本を大いに発展させることができる。

本書が、多くの日本国民が望む社会の実現の一助になれば、幸いである。

二〇一七年十一月

金子　晋右

CDC 2017 Feijun Luo and Curtis Florence, "State-Level Lifetime Medical and Work-Loss Costs of Fatal Injuries――United States, 2014." MMWR(Morbidity and Mortality Weekly Report), Weekly/ Vol. 66/ No. 1, Centers for Disease Control and Prevention, January 13, 2017.

FAOSTAT Food and Agriculture Organization of the United Nations, FAOSTAT Database, Rome.

Latham 2009 A. J. H. Latham "Climatic fluctuations and the international rice trade: a preliminary investigation." A. J. H. Latham and Heita Kawakatsu (eds). *Intra-Asian Trade and Industrialization*. Routledge ; Abingdon, Oxon, UK.

World Bank 2015 World Development Indicators, World Bank home page.

八幡［2011］八幡和郎『皇位継承と万世一系に謎はない：新皇国史観が中国から日本を守る』扶桑社

弓削［1989a］弓削達『世界の歴史5　ローマ帝国とキリスト教』河出書房新社

――［1989b］弓削『ローマはなぜ滅んだか』講談社

横江［2016］横江公美『崩壊するアメリカ：トランプ大統領で世界は発狂する⁉』ビジネス社

吉川［2012］吉川洋『高度成長：日本を変えた6000日』中央公論新社

楽天［2016］楽天株式会社「2017年卒　みんなの就職活動日記　新卒就職人気企業ランキング　総合ランキング」、楽天みんなの就職活動日記ホームページ

若田部［2010］若田部昌澄『「日銀デフレ」大不況：失格エリートたちが支配する日本の悲劇』講談社

――［2015］若田部『ネオアベノミクスの論点：レジームチェンジの貫徹で日本経済は復活する』PHP研究所

渡辺・岩崎［2001］渡辺利夫・岩崎育夫『海の中国』弘文堂

和辻・古川［1940］和辻哲郎・古川哲史校訂『葉隠（上）』岩波書店

和辻・古川［1941a］和辻哲郎・古川哲史校訂『葉隠（中）』岩波書店

和辻・古川［1941b］和辻哲郎・古川哲史校訂『葉隠（下）』岩波書店

AFP BB News［2016］「ＩＳ、メンバーの月給を半減　空爆で財政悪化か」AFP BB Newsホームページ、2016年1月20日。

CDC 2016　Sally C. Curtin and Margaret Warner, “Suicide Rates for Females and Males by Race and Ethnicity: United States, 1999 and 2014.” Health E-Stats, National Center for Health Statistics, Centers for Disease Control and Prevention, April 2016.

らない！』ワック株式会社
南［2000］南亮進「日本における所得分布の長期的変化─再推計と結果─」『東京経大学会誌─経済学─』（東京経済大学経済学会）第219号
南川［2013］南川高志『新・ローマ帝国衰亡史』岩波書店
宮地［2014］宮地英敏「論説　日本経済史学の学問的特性に関する一考察」『エネルギー史研究』第29号、九州大学記録資料館産業経済資料部門編集・発行
三和［2012］三和良一『経済政策史の方法：緊縮財政の系譜』東京大学出版会
森［2000］森浩一『巨大古墳：治水王と天皇陵』講談社
文科省［2012］文部科学技術省『平成24年度学校基本調査（確定値）について』文部科学技術省ホームページ
安田［1995］安田喜憲『森と文明の物語：環境考古学は語る』筑摩書房
──［2004a］安田『文明の環境史観』中央公論新社
──［2004b］安田『気候変動の文明史』NTT出版
──［2009］安田『山は市場原理主義と闘っている』東洋経済新報社
安場・猪木［1989］安場保吉・猪木武徳編『日本経済史８　高度成長』岩波書店
矢野［2012］［2013］［2014］公益財団法人矢野恒（つねた）太記念会編集・発行『世界国勢図絵』各年版
矢野記念会編［2013］矢野恒太記念会編集・発行『数字でみる　日本の100年　改訂第6版』
山本［2002］山本義彦「コラム　日本資本主義論争」石井寛治・原朗・武田晴人編『日本経済史３　両大戦間期』東京大学出版会

浜野他［2009］上掲『日本経済史1600-2000　歴史に読む現代』慶應義塾大学出版会
速水・宮本［1988］速水融・宮本又郎編『経済社会の成立――17-18世紀（日本経済史１）』岩波書店
原田・香西［1987］原田泰・香西泰『日本経済　発展のビッグ・ゲーム　レント・シーキング活動を越えて』東洋経済新報社
広瀬［2010］広瀬和雄『前方後円墳の世界』岩波書店
福田［2015］福田安志「サウジアラビアは何が狙いなのか」『中央公論』中央公論新社、5月号（4月10日発売）
藤井［2017］藤井祐介「葉隠成立300年記念特別展『葉隠と忠臣蔵：天下太平の武士道』を終えて」『葉隠研究』第82号
藤田［1993］藤田覚『松平定信：政治改革に挑んだ老中』中央公論社
フレイザー［1936］J. G. フレイザー著、神成利男訳、石塚正英監修『金枝篇－呪術と宗教の研究　呪術と王の起源』［上］［下］国書刊行会、2004年刊行。原著は1936年刊行
保阪［2013］保阪正康『高度成長：昭和が燃えたもう一つの戦争』朝日新聞出版
本川［2015］本川（ほんかわ）裕『社会実情データ図録』社会実情データ図録ホームページ
毎日新聞［2016］毎日新聞「相模原殺傷　尊厳否定『二重の殺人』全盲・全ろう東大教授」毎日新聞ホームページ、2016年7月28日
溝呂木［2016］溝呂木佐季「【相模原事件】障害者襲った大量殺人　現代社会の映し鏡ではないと否定できるのか」Buzz Feed Newsホームページ、2016年8月16日
三井［2015］三井美奈『イスラム化するヨーロッパ』新潮社
三橋［2015］三橋（みつはし）貴明『中国との貿易をやめても、まったく日本は困

革命はなぜ起きたか　デモグラフィーとデモクラシー』藤原書店
トッド及びクルバージュ［2008］エマニュエル・トッド及びユセフ・クルバージュ著、石崎晴己訳『文明の接近　「イスラームVS西洋」の虚構』藤原書店
内閣府［2011］内閣府『2011年度確報　参考資料3　参考図表（1. 国際比較等）』内閣府ホームページ
中村［1985］中村隆英『明治大正期の経済』東京大学出版会
――［1993］中村『日本経済：その成長と構造』（第3版）、東京大学出版会
二宮［1996］二宮道明『地理統計要覧　1996年版』二宮書店
二宮［2008］［2013］［2015］［2016］二宮健二・二宮書店編集部『データブック　オブ・ザ・ワールド　世界各国要覧と最新統計』各年版、二宮書店
二宮編［2015］二宮健二編集『地理統計要覧　2015年版』二宮書店
日本書紀・上［1967］坂本太郎・家永三郎・井上光貞・大野晋校注『日本書紀　上』岩波書店
日本書紀・下［1965］坂本太郎・家永三郎・井上光貞・大野晋校注『日本書紀　下』岩波書店
農水省［2012］農林水産省「国際比較　諸外国・地域の穀物自給率（2009年）（試算）」『平成24年度食糧需給表』農林水産省ホームページ
長谷川・樋脇［2004］長谷川岳男・樋脇博敏『古代ローマを知る事典』東京堂出版
服部［2014］服部研二「大嘗祭についての覚書」『文明研究・九州』第8号

2）』岩波書店
杉山［2012］杉山伸也『日本経済史　近世－現代』岩波書店
高澤［2012］高澤憲治『松平定信』吉川弘文館
高村他［2010］高村直助・石井寛治・原朗・武田晴人「［座談会］『体験的』経済史研究」石井寛治・原朗・武田晴人編『日本経済史6　日本経済史研究入門』東京大学出版会
高森［1990］高森明勅『天皇と民の大嘗祭』展転社
竹内［2009］竹内誠『寛政改革の研究』吉川弘文館
武田［2008］武田晴人『シリーズ日本近現代史⑧　高度成長』岩波書店
田中（直）［2015］田中直毅「米露を揺るがす中東の思惑」『中央公論』中央公論新社、5月号（4月10日発売）
田中（秀）［2010］田中秀臣『デフレ不況：日本銀行の大罪』朝日新聞出版
谷沢［2005］谷沢永一『自虐史観もうやめたい！　反日的日本人への告発状』ワック株式会社
田村［2014a］田村秀男『消費増税の黒いシナリオ：デフレ脱却はなぜ挫折するのか』幻冬舎ルネッサンス
田村［2014b］田村「日曜経済講座　円安対応できず、衝撃は重大　アベノミクスと中国・韓国」『産経新聞』2014年12月7日
都出［2011］都出（つで）比呂志『古代国家はいつ成立したか』岩波書店
寺沢［2008］寺沢薫『日本の歴史02　王権誕生』講談社
統合幕僚監部［2015］統合幕僚監部報道発表資料「海賊対処のために派遣された水上部隊の活動状況について（平成27年3月）」平成27年4月10日発表、防衛省ホームページ
トッド［2011］エマニュエル・トッド著、石崎晴己訳・解説『アラブ

省ホームページ
厚労省［2012b］厚労省『平成24年　国民生活基礎調査の概況』厚生労働省ホームページ
厚労省労基署［2015］厚生労働省都道府県労働局労働基準監督署『脳・心臓疾患の労災認定 「過労死」と労災保険』
産経［2015］産経新聞「安倍首相米議会演説全文」4月30日8面
サンダース［2015］バーニー・サンダース「TPPに反対する4つの理由」米国上院演説2015年5月14日（「バーニー・サンダースTPP反対演説(テキスト版)」WJFプロジェクト・ホームページ)。
時事［2016］時事ドットコムニュース「生活保護を受給＝預貯金なし、経済的に困窮か：障害者施設襲撃の容疑者」時事ドットコムニュースホームページ、2016年8月2日
篠原［2010］篠原初枝『国際連盟：世界平和への夢と挫折』中央公論新社
週刊新潮［2015］「特集　安倍晋三×櫻井よしこ　対談　円安・財政再建　日本経済の『先行き不安』説に答える！」『週刊新潮』2015年1月1・8日新年特大号（2014年12月25日発売）
正田［1971］正田健一郎『日本資本主義と近代化』日本評論社
――［1990］正田『日本における近代社会の成立〈上巻〉』三嶺書房
――［1992］正田『日本における近代社会の成立〈中巻〉』三嶺書房
白石［1999］白石太一郎『古墳とヤマト政権：古代国家はいかに形成されたか』文藝春秋
新訂古事記［1977］武田祐吉訳注、中村啓信補訂解説『新訂　古事記』角川書店
神野［2013］神野（じんの）直彦『税金　常識のウソ』文藝春秋
新保・斉藤［1989］新保博・斉藤修編『近代成長の胎動（日本経済史

り」『文明研究・九州』(比較文明学会九州支部) 第9号
―― [2015b] 金子「グローバル資本主義と人道危機国家」『比較文明』(比較文明学会) 第31号
Kaneko 2009 Shinsuke Kaneko "The global wheat trade and the industrialization of Monsoon Asia, 1951-2001." A. J. H. Latham and Heita Kawakatsu (eds). *Intra-Asian Trade and Industrialization*. Routledge ; Abingdon, Oxon, UK.
Kaneko 2017 Shinsuke Kaneko "Global Grain Market and Human Security in Asia"『佐賀大学経済論集』第49巻第4号
川勝 [1991] 川勝平太『日本文明と近代西洋:「鎖国」再考』日本放送出版協会
川口 [2016] 川口マーン惠美『ヨーロッパから民主主義が消える　難民・テロ・甦る国境』PHP研究所
川島 [2012] 川島博之「過剰生産時代としての『長い21世紀』」『比較文明』第28号
―― [2013] 川島「これから世界は食料の『過剰時代』へ突入する」水野和夫・川島博之『世界史の中の資本主義:エネルギー、食料、国家はどうなるか』東洋経済新報社
鬼頭 [2000] 鬼頭宏『人口から読む日本の歴史』講談社
鬼頭 [2011] 鬼頭『2100年、人口3分の1の日本』メディアファクトリー
小池 [1999] 小池喜明『葉隠:武士と「奉公」』講談社
香西 [1989] 香西泰「高度成長期の経済政策」安場保吉・猪木武徳編『日本経済史8　高度成長』岩波書店
河野 [2010] 河野康子『日本の歴史24　戦後高度成長の終焉』講談社
厚労省 [2012a] 厚生労働省「地域別最低賃金の全国一覧」厚生労働

―― [1999] 笠谷『「日暮硯」と改革の時代　恩田杢にみる名臣の条件』PHP研究所
笠谷校注 [1988] 笠谷和比古校注『新訂　日暮硯』岩波書店
春日 [1993] 春日豊「成長と軋轢：1965～1971年」森武麿・浅井良夫・西成田豊・春日豊・伊藤正直『現代日本経済史』有斐閣
金子 [2008] 金子晋右『文明の衝突と地球環境問題：グローバル時代と日本文明』論創社（比較文明学会2009年度伊東俊太郎賞）
―― [2009a] 金子「グローバリズムとテロリズム：6・8秋葉原通り魔テロと9・11米中枢テロの経済的背景」『横浜市立大学論叢人文科学系列』第60巻第1号
―― [2009b] 金子「ネオリベラリズムとアウシュヴィッツ化する日本」『横浜市立大学論叢人文科学系列』第60巻第2号
―― [2010] 金子『戦前期アジア間競争と日本の工業化：インド・中国・日本の蚕糸絹業』論創社
―― [2011] 金子『世界大不況と環境危機：日本再生と百億人の未来』論創社
―― [2012] 金子「絶望のアメリカ型収奪文明から希望の環流文明へ」伊東俊太郎・染谷臣道編著『収奪文明から環流文明へ：自然と人類が共生する文明をめざして』東海大学出版会
―― [2014a] 金子「寛政改革に学ぶ人道的経済成長戦略」『佐賀大学経済論集』第46巻第5号
―― [2014b] 金子「高度成長の比較経済史的考察：戦後日本の高度成長を中心に」『佐賀大学経済論集』第47巻第1号
―― [2014c] 金子「21世紀日本の高度成長戦略：希望の経済史学についての一考察」『佐賀大学経済論集』第47巻第3号
―― [2015a] 金子「危機の時代21世紀と日本文明：経済史的視点よ

引用文献

青山［2015］青山繁晴「『安倍下ろし』の政局を仕掛けた財務省」『新潮45』2015年1月号（2014年12月18日発売）

網野［2000］網野善彦『「日本」とは何か』講談社

井奥［2009］井奥成彦「田沼時代から松方財政まで」浜野潔・井奥成彦・中村宗悦・岸田真・永江雅和・牛島利明著『日本経済史1600-2000　歴史に読む現代』慶應義塾大学出版会

伊藤［2012］伊藤貫『自滅するアメリカ帝国：日本よ、独立せよ』文藝春秋

猪木［1989］猪木武徳「成長の軌跡（1）」安場保吉・猪木武徳編『日本経済史８　高度成長』岩波書店

今西［2017］今西憲之「電通過労死　高橋まつりさんの母、幸美さん独白四時間」『週刊朝日』2月10日増大号

牛島［2009］牛島利明「高度成長から平成不況まで」上掲『日本経済史1600-2000　歴史に読む現代』慶應義塾大学出版会

絵所［2001］絵所秀紀「アフリカ経済研究の特徴と課題」平野克己編『アフリカ比較研究：諸学の挑戦』日本貿易振興会アジア経済研究所発行

大園［2017］大園隆二郎「『葉隠』のこころ：山本常朝の目指したもの」『葉隠研究』第82号

笠谷［1988］笠谷和比古『主君「押込」の構造』平凡社

❖著者略歴

金子晋右（かねこ・しんすけ）

佐賀大学経済学部教授。
1970年　東京都生まれ。
1993年　早稲田大学社会科学部卒業。
1996年　早稲田大学大学院経済学研究科修士課程修了。
2002年　横浜市立大学にて、博士（経済学）の学位を取得。

県立広島女子大学、国際日本文化研究センター、横浜市立大学、東京工業大学などの講師を経て、2013年佐賀大学経済学部准教授、2015年より現職。

専門は経済史。2009年（単著）『文明の衝突と地球環境問題：グローバル時代と日本文明』（論創社、2008年）で比較文明学会研究奨励賞（伊東俊太郎賞）を受賞。他の著書に、単著『戦前期アジア間競争と日本の工業化：インド・中国・日本の蚕糸絹業』（論創社、2010年）、単著『世界大不況と環境危機：日本再生と百億人の未来』（論創社、2011年）、共著『収奪文明から環流文明へ：自然と人類が共生する文明をめざして』（東海大学出版会、2012年）、など。

グローバリズムの終焉と日本の成長戦略

2018年５月22日　初版第一刷印刷
2018年５月28日　初版第一刷発行

著　　者　金子晋右

発 行 者　森下紀夫

発 行 所　論 創 社
〒101－0051
東京都千代田区神田神保町２－23　北井ビル
tel. 03（3264）5254　fax. 03（3264）5232
web. http://www.ronso.co.jp/
振替口座　00160－1－155266

組版・装幀　永井佳乃
印刷・製本　中央精版印刷

ISBN978-4-8460-1703-3